novum premium

PETER DUTLY

DICH SEIN, verleiht Flügel

Deine eigene Stärke erkennen und leben, egal was andere denken!

novum premium

Bibliografische Information
der Deutschen Nationalbibliothek:

Die Deutsche Nationalbibliothek
verzeichnet diese Publikation in
der Deutschen Nationalbibliografie.
Detaillierte bibliografische Daten
sind im Internet über
http://www.d-nb.de abrufbar.

Gedruckt in der Europäischen Union
auf umweltfreundlichem, chlor- und
säurefrei gebleichtem Papier.

ISBN 978-3-99130-508-8
Lektorat: Tobias Keil
Umschlagfoto: Y0jik | Dreamstime.com
Umschlaggestaltung, Layout & Satz:
novum Verlag
Innenabbildungen siehe Bildquellen-
nachweis S. 102

www.novumverlag.com

Druckprodukt mit finanziellem
Klimabeitrag
ClimatePartner.com/16547-2311-1001

Widmung

Ich widme mein 2. Buch allen Menschen, die sich nach einem zufriedeneren und glücklicheren Leben sehnen!

The key to happiness is having dreams and the key to success is making them come true.

Der Schlüssel zum Glück ist, Träume zu haben und der Schlüssel zum Erfolg liegt darin, sie wahr werden zu lassen!

Vorwort

Unsere starken Gedanken erschaffen die Realität um uns herum. Worüber wir am meisten nachdenken, wird sich in unserer Tatsache und Wirklichkeit ausdrücken und entfalten. In jeder Menschenseele ist tief die Sehnsucht nach Freiheit, großer Liebe, Glück und Frieden, nach Loslösung, Trennung von jeglicher irdischen Begrenztheit verankert. Jeder von uns kann wählen, die echte Wahrheit und die Wirklichkeit zu erkennen und somit die nötige Harmonie in **sein eigenes, schönes Leben** zu bringen oder mit seinem Schicksal, seiner Rolle im Leben, zu hadern, in Streit zu geraten? Woher kommen Selbstzweifel und wie können wir uns von ihnen befreien? Warum sind ein gesundes Selbstwertgefühl und Selbstliebe wirklich kein Egoismus?

Alles, was wir erleben und uns widerfährt, sind die Resultate unserer starken Gedanken. Lassen Sie bitte nicht zu, dass Ihre Gedanken Sie persönlich kontrollieren. Sie müssen sich selbst bewusst dafür entscheiden, die ganze Kontrolle über Ihre persönlichen Gedanken in eigener Regie, zu übernehmen. Vielmals fällt es uns schwer, die eigene Verantwortung für unser Leben selbst anzunehmen. Dasselbe zu glauben und zu akzeptieren, dass alles, was uns umgibt, uns passiert und zustößt, **von uns selbst** erschaffen worden ist. In meinem Buch: **DICH SEIN *verleiht* Flügel** habe ich aus Gründen der leichteren Lesbarkeit hier ausschließlich die klassische, männliche Formulierung benutzt. Sie bezieht sich auf Personen beiderlei, also jeden Geschlechts. So werden selbstverständlich immer auch Frauen wie Männer gleichberechtigt angesprochen.

Mit dem Du, ein Band aus Worten, zart gesponnen, verbindet uns, Leser und Autor, die Distanz schwindet, ist aufgehoben, wir teilen Gedanken, Stück für Stück. Die Buchstaben tanzen, fliegen, verweben, zwischen den Zeilen entsteht ein Band, das Herz des Lesers, es schlägt im Takt, der Autor lächelt, fühlt sich verstanden.

Ein Du, das uns näherbringt, die Worte flüstern, sanft und leise, die Welt verschwimmt, wir sind im Flug, gemeinsam reisen wir, auf einer Reise. Ein besonderes Verhältnis, so zart, zwischen den Seiten, zwischen den Zeilen, der Leser wird zum Freund, der Autor zum Begleiter, und die Worte, sie verbinden, sie heilen.

Anschaulich und unterhaltsam vermittle ich Dir, mein lieber Freund, wie Du mit Deiner eigenen Achtsamkeit und selbstbewusster Ausstrahlung den Kern Deiner eigenen Persönlichkeit entfalten und so Deinen individuellen Lebensweg leichter und gezielter gehen kannst. **Hiermit zeige ich Dir klare Wege, für das körperlich-seelische Wohlbefinden und für Deine tieferfüllte Lebensfreude in kleinen und sehr klaren Schritten auf.**

Befreie Dich aus den Fesseln und Ketten all Deiner Gedanken. Dein Leben darf und soll leicht und sehr kostbar für Dich sein. Beruhige Deine starken und schwankenden Gedankenströme. Tauche ein in die geruhsame Stille und spüre selbst beim Lesen meines Buches die unendliche Fülle, Deine starken inneren Kräfte und die wunderbare Harmonie Deines persönlichen, dankbaren Seins, **im Hier und Jetzt**, in Deinem spannenden Leben. Gehe bitte, mit kindlicher Neugier und voller Entdeckungsfreude, an die einzelnen, erprobten Hinweise und starken Tipps. Durch kleine Veränderungen wirst Du direkt spüren, dass manches, vieles, in Deinem Leben leichter wird, so der Umgang mit anderen positiver wird, und Du glücklicher und zufriedener mit Dir selbst und Deiner Umwelt wirst. Um Dir, geschätzte Leserin und geschätzter Leser, mal eine Pause beim Lesen zu geben, habe Sternchen *** gesetzt. Damit signalisiere ich, dass ein weiterer „Gedankengang“ zu Ende ist. Somit hast Du Zeit für Dich, in aller Ruhe über das erworbene Wissen nachzudenken und es festigen zu lassen. Diese findest Du in diesem Buch an mehreren Stellen.

Wenn dieses Buch dazu führt (Was ich Dir, von ganzem Herzen wünsche), dass Du selbst einen neuen Sinn, eine größere Erfüllung, in Deinem Leben und tieferes Glück findest, dann ist mein Ziel meines Werkes erreicht. Ich hoffe, dass Du selbst all dies und noch viel mehr erlangen und in Deinem Leben umsetzen kannst! Mit diesem bewährten Werkzeug: **DICH SEIN, *verleiht* Flügel,** wünsche ich Dir nur das Beste und vieles mehr ...

Somit hältst Du ein Werk mit verschiedenen, mit vielen, von mir selbst erprobten Erfahrungen und Tipps in der Hand, mit denen Du persönlich, Deine alten Gewohnheiten und Denkweisen überprüfen kannst und so Dein Leben positiv, nachhaltig, stark veränderst. Ich verspreche Dir eines, Dein Leben wird sich ändern. Du wirst erfolgreicher, optimistischer und selbstbewusster sein.

Dies bedeutet für Dich, dass Du dieses hilfreiche Buch nicht einfach nur lesen solltest, sondern auch tatsächlich als große Anregung verstehen, mit kleinen Schritten, große und positive Veränderungen und echte Freude und Dankbarkeit in **Deinem Leben** zu erreichen und zu genießen. Handle jetzt, **es wird sich für DICH lohnen.** Dankbarkeit ist eine Deiner größten Kraftquellen, die Dich immer wieder daran erinnert, mit wie viel Schönheit, Liebe und Harmonie Du selbst umgeben und erfüllt bist. Um herauszufinden und sicherzustellen, wer Du persönlich wirklich bist, **löse Dich von ALLEM**, was sich hier und jetzt unverständlich für Dich selbst nicht stimmig anfühlt. Je mehr Du Dich von dem befreist, was Dich in Deinem wahren SEIN blockiert, desto mehr wirst Du in Kontakt mit Deiner inneren Kraftquelle Deines Glückes treten. Dabei wirst Du gestärkt, lebendiger und Du wirst Dich froh, freier, dankbarer und viel glücklicher fühlen. Niemand auf dieser Erde kann Dein spiritueller Meister sein, **außer Du selbst.**

Nur Du persönlich kannst fühlen, wann Du ganz Du selbst bist. Alles auf dieser Welt ist in stetiger Veränderung. So wie Altes, Vergangenes geht, entsteht Neues, Zukünftiges, in Deinem wunderbaren Leben. Vergangenes loszulassen, heißt nicht, dass Du alles vergessen musst. Es bedeutet vielmehr, zu akzeptieren, was war. Das Geschehene sein zu lassen und dorthin zurückzukehren, wo Dein schönes und dankbares Leben, wirklich stattfindet, im **HIER und JETZT ist Deine Gegenwart.**

Wäre es nicht auch wundervoll, wenn wir manchmal etwas weniger nachdenken, verurteilen, stattdessen mehr ins Fühlen und Verstehen eintauchen würden? Wenn wir alle etwas weniger kämpfen, streiten und stattdessen mehr Liebe und Dankbarkeit geben würden? Wenn wir von unserem Widerstand in die Hingabe und freudige Unterstützung gehen würden? Wenn wir unser starkes und dankbares Herz öffnen würden und erkennen, dass wir **ALLES in UNS** tragen, was wir täglich brauchen? Wahre Liebe hat keine Erwartungen und kennt auch keine Auflagen. Diese wahre Liebe und Dankbarkeit urteilen und kämpfen nicht. Sobald wir unseren wertenden Verstand ruhen und still werden lassen und mit den Augen unseres Herzens auf die schöne Welt blicken, können wir die starke Kraft der wunderbaren Liebe, **in jeder Form unseres SEINS,** erfahren und genießen und in den neuen Alltag einfließen lassen. So kommen und gehen auch Deine Gedanken und Deine Gefühle. Deine Gedanken bestimmen Dein Leben. In Deinem Inneren liegt die Ursache, der Auslöser, für den Verlauf und Ablauf Deines Lebens.

Deshalb ist es so wichtig, an unsere innersten, verborgenen Gedanken heranzukommen. Suche nicht im Außen nach Frieden, Harmonie, Mut oder Liebe. Denn **alles ist bereits hier**, d. h. **in DIR.** In der Tiefe Deines gesunden Herzens. Je mehr Du Dich der Melodie des Lebens hingibst und je weniger Du darauf bestehst, dass alles so bleiben soll, wie es momentan ist, desto mehr Frieden und Leichtigkeit wirst Du in Deinem wunderbaren Leben finden. In einem bewussten Moment der tiefen Dankbarkeit existieren kein Leid und Schmerz.

In diesem Moment ist Dein Herz erfüllt mit starkem Frieden und großer Liebe. Im Leben gibt es keine Zufälle. Alles kommt, wann es kommen und sich entfalten soll. Und wir begegnen uns immer zur richtigen Zeit. Wir sind jetzt am richtigen und sicheren Ort. Rückblendend werden wir erkennen, dass alle Begegnungen und gemachten Erfahrungen wichtig für uns waren. Es ist nicht tragisch, eines Tages zu sterben. Tragisch ist daher, wenn man nie richtig gelebt hat. **LEBE JETZT.** Denn es ist später, als wir alle denken. In meinem Buch werden Grundsätze über zwischenmenschliche Beziehungen auf die neuen Herausforderungen angewandt, denen wir Menschen uns heute gegenüberstehen. Diese Grundsätze sind elementar und einfach zu verstehen. Sie erfordern keine besonderen Vorkenntnisse. Was sie verlangen, sind Übung und Anwendung im Alltag und die Bereitschaft zu lernen.

Bist Du bereit, ein paar Dir nicht mehr willkommene Sichtweisen in Deinem alten Leben aufzugeben? Willst Du Dein Leben und ebenso Deine zwischenmenschlichen Beziehungen erfolgreicher gestalten? Bist Du bereit, die Führungsperson in Dir selbst zu suchen, sie zu entwickeln und ihr freie Hand zu lassen? Wenn ja, freut mich das sehr. Ich danke Dir für das Vertrauen in mein Werk. Ich empfehle Dir, schau in den Himmel und verbinde Dich mit der endlosen Weite des Universums und der wunderbaren Schöpfung. Die Wolken sind wie Deine Gedanken, sie kommen und gehen wieder.

Die Sonne lässt Dich Deine wohltuende und dankbare Herzwärme spüren. Die so faszinierenden Sterne erinnern Dich an Dein eigenes inneres Leuchten. Und der verzaubernde Mond spiegelt Dir Deine unendliche Kraft, die Du tief in Dir, in Deinem eigenen, sehr zuverlässigen, inneren Kraftzentrum trägst. Die folgenden Seiten werden somit **DEIN LEBEN** nachhaltig und stark verändern. Innerhalb meiner Tipps bearbeitest Du Schritt für Schritt den Umgang mit Dir selbst und mit Deinen Mitmenschen. Du hast Dir sicher schon mehrmals Gedanken über Veränderungen in Deinem Leben gemacht? Dann rate ich Dir, überlege und notiere Dir persönlich Deine ersehnten Ziele, Wünsche und wahrwerdende Träume. Ziele, Wünsche, Träume sind somit von Dir gemachte Vorgaben, die Du nun ansteuern kannst.

Zur positiven Umsetzung muss tief in Dir drin das ehrliche und dankbare Verlangen sein, die Veränderungen umzusetzen. Alles, was Dein Bewusstsein als wahr erachtet, wird von Deinem Unterbewusstsein, also Deiner inneren Kraft, akzeptiert. Beginne nun so zu denken und zu handeln, als ob die Veränderung schon bei Dir angekommen ist. Du musst nur den neuen Mut haben, den ersten Schritt zu tun, Dir Deine großen Träume zu erfüllen.

Das Leben ist eine Reise zu sich selbst und voller Überraschungen. Wir alle sehnen uns doch immer danach, angenommen und geliebt zu werden. Wenn wir in unserem Leben eine starke **Veränderung** wünschen, **muss diese immer in uns selbst beginnen**. Erst wenn wir wirklich bereit sind, tief in uns hineinzuspähen, alte Verhaltens- und Denkmuster zu hinterfragen und mutig neue, spannende, neue Wege zu gehen, kann auch eine neue Veränderung im Außen stattfinden und in unseren Alltag einfließen und umgesetzt werden. Natürlich kannst Du das Buch ohne Unterbruch bis zum Ende durchlesen. Vielleicht sagst Du dann am Schluss: War doch interessant, aber einiges kannte ich ja schon? Soweit **– so gut, aber tatsächlich ändern wird sich bei Dir dadurch wenig bis überhaupt nichts.**

In meinen Augen sind Veränderungen am besten in kleinen, übersichtlichen Handlungen, Schritten und Entscheidungen möglich. Dein Geist, Dein Körper und Dein ganzes Leben müssen sich zuerst an das Unbekannte, das Neue gewöhnen. Hier ist nun vor allem sehr wichtig, Dich in Ruhe und Gelassenheit, Entspannung und innerer Ruhe zu versetzen. Lass Dir die nötige Zeit, Deine neuen und positiven Veränderungen brauchen einen Moment, bis sich Deine neuen Denkweisen oder neuen Handlungen gefestigt haben und schrittweise in Deinem neuen Alltag sichtbar und von Dir akzeptiert werden.

Genau die von Dir selbst gewählten und gewünschten Ziele sind es, auf die Du nun zusteuern kannst. So bündelst Du Deine Anstrengungen. Dies ermöglicht Dir, Deinen neuen Erfolg zu messen. Setze Dir also Ziele, welche Dich herausfordern, aber auch realistisch sind. Ziele, die eindeutig und messbar sind. Du kannst Dir sowohl kurzfristige wie langfristige Ziele setzen. Wenn Du ein Ziel erreicht hast, freue Dich persönlich über Deinen erlangten Erfolg – Bravo, ich gratuliere Dir von ganzem Herzen, das hast Du Dir wirklich verdient und kannst dies mit Stolz genießen. Im Leben genügt es nicht nur, klug und gebildet zu sein. Die Welt verändert sich immer und heutzutage noch sehr viel schneller, als dies früher der Fall war. **Was gestern noch Gültigkeit hatte, wird heute von Neuem definiert.** Dies sehr oft ohne unser persönliches Mitwirken. Hier ein kleines Beispiel. Es reicht nicht, liebevoll sein zu wollen. Du musst beginnen, liebevoll zu denken, Dich selbst zu lieben und in anderen Menschen das Liebenswerte zu entdecken und dankbar zu schätzen. So sind Deine Ziele, Deine Wünsche, wie der Samen, welcher in die Erde gepflanzt wird und zu neuem Wachstum führt und Dich erfreut.

Hier sprechen wir von einem spirituellen Gesetz, das auf dem Gesetz von Ursache und Wirkung basiert. Was wir säen, werden wir ernten. Dies besagt, was wir mit unseren Worten und Taten täglich losschicken und hinaussenden, wird irgendwie wieder zu uns zurückkehren. Hier gilt, bitte glaube mir aus eigener Erfahrung: **Für das Hegen und Pflegen** der Samen, respektive **Deiner neuen, wunderbaren Gedanken bist DU selbst verantwortlich!**

Das Leben passiert uns nicht einfach. Den Großteil haben wir selbst in der Hand. Unser heutiges Leben ist das Ergebnis unserer gestrigen Entscheidungen. So bestimmen unsere heutigen Entscheidungen unser Morgen, also den kommenden Tag. So kannst Du nun gestärkt und mit neuem Mut zum nächsten Ziel aufbrechen. Dies ermutigt Dich zu neuen Vorhaben und Zielen mit Freude, beflügelt durch das, was Du bereits umgesetzt und erreicht hast. Erneuerungen gehören zu Deinem Leben, Stehenbleiben darf jetzt für Dich keine Option für neue Aufgaben und Herausforderungen sein. Alles, was Du brauchst, wird zur richtigen Zeit zu Dir kommen. Lasse Dich beim Umsetzen Deiner neuen Ziele nie von andern Menschen beeinflussen. Sonst wirst Du plötzlich kraft- und saftlos. Du versuchst Dir dann zu sagen, das funktioniert ja sowieso nur bei den anderen. Hier sind Ausreden wirklich fehl am Platz, glaube mir.

Ich sage Dir, somit würdest Du etwas vom Schönsten und Aufregendsten in Deinem Leben verpassen: das Setzen und Erreichen Deiner persönlichen Ziele und die damit verbundenen, unbeschreiblich schönen Gefühle, welche Du mit Dankbarkeit genießen kannst. Hier ein weiteres, immer sehr aktuelles Ereignis aus unserem Leben. Die ersten Schritte eines Babys sind ein Meilenstein seiner Entwicklung. Wenn es so weit ist, strahlen die meisten Kinder vor Stolz, die Eltern ebenso: Endlich werden ihre unermüdlichen Steh- und Gehversuche von Erfolg gekrönt!

Der große Augenblick war da, geschafft. Wie viel Üben, üben (unzählige Male) und nach dem Hinfallen, sofort wieder Aufstehversuche usw. Es ist doch wunderbar zu sehen, wie Beharrlichkeit und Durchhaltevermögen zu Erfolg führen können. Jeder Schritt, jedes Fallen und Aufstehen trägt dazu bei, dass wir uns weiterentwickeln und stärker werden.

Wir hatten instinktiv das Ziel, auf eigenen Beinen zu stehen und laufen zu können. Also, wenn Du wieder mit diesem Elan, Mut und Ausdauer, an die Umsetzung und das Erreichen Deiner neu gesteckten Ziele gehst, **kann DIR nur Erfolg beschieden sein**. Nicht nachlassen führt zum gewünschten Erfolg. Hier gilt für Dich ein weiteres Mal: Dich mit Freude an Neues wagen und ausprobieren. Es gehört für uns alle zum Leben, mit Fehlern und Misserfolg umzugehen. Gehe deshalb wie ein kleines Kind durch den neuen Tag, das all die Wunder des Lebens zum ersten Mal entdeckt. Öffne Deine gesunden und starken Augen und öffne Dein wunderbares Herz. Spüre so, voll und ganz, mit Ehrfurcht, mit vollem Respekt, was es heißt, wirklich dankbar zu leben. Daher nie aufgeben, wenn Du etwas Neues versuchst, funktioniert es nicht immer sofort.

Ermutige Dich täglich selbst, weiter zu üben, und Du wirst Dich in Kürze für Deine Bemühungen reichlich selbst belohnen und Dein neuer Erfolg genießen. **So wird auch bald Dein Umfeld merken, dass Du eine starke Persönlichkeit bist**

und sie Dich als Vorbild nehmen werden. Heute startest Du Deine Charme-Offensive. Entspanne Dich mit Hilfe Deiner inneren Kraft: Stelle Dir jetzt realistisch, lebensecht vor, Deine Gedanken werden Wirklichkeit. Jetzt denkst Du bestimmt, ist da etwas dran? Unsere Gedanken haben weit mehr Macht und sehr viel Einfluss auf unsere Lebenssituation.

Aber es braucht Mut, an eine schöne Zukunft zu glauben, auch wenn manchmal die aktuelle Realität ganz anders aussieht. Genau jetzt, in der Gegenwart, in diesem Augenblick, darfst Du mit viel Schwung, Mut und Selbstvertrauen endlich die Baustellen in Deinem Leben angehen und somit etwas zu Deinem Positiven verändern. Pure und starke Lebensfreude kannst Du nur in einem ganz bestimmten Augenblick fühlen – **im JETZT**. Und der Ort, wo Du sie erfahren kannst, ist der, an dem Du Dich gerade befindest – **genau HIER.** Inwiefern können unsere Gedanken aber wirklich unsere Realität beeinflussen und steuern? Befindest Du Dich momentan in einer Situation, die Dich nicht eher unzufrieden macht? Sorgst Du Dich auch um andere Sachen und Angelegenheiten? Fehlt es Dir an finanziellen Mitteln, bist Du unzufrieden im Job, unglücklich in der Ehe oder als Einzelgänger? Oder fühlst Du Dich, aus einem anderen Grund, in Deinem schönen Leben nicht wirklich erfüllt? Was würde Dich momentan, gerade jetzt, wirklich glücklich machen?

Welchen Wunsch, welches Ziel hast Du, was Du persönlich gerne verwirklichen möchtest? Schließe Deine gesunden Augen und lasse Dich vertrauensvoll, von Deinem ruhigen Atem tragen. Verbinde Dich mit Deiner inneren, endlos starken Kraftquelle der Liebe und versprühe Dein Licht ins gesamte und traumhafte Universum. Dein ruhiger Atem ist Dein zuverlässiger Anker, für **Dein HIER und JETZT.**

Er holt Dich jederzeit zurück zu Dir und erinnert Dich selbst daran, welchen unendlichen Reichtum Du persönlich seit Deiner wunderbaren Geburt in Dir trägst. Wir sind auch nicht auf dieser dankbaren Erde, um andere Menschen zu verändern. Dies sollte und darf auch nie unser Bestreben sein. Doch wir haben zu jeder Zeit die schöne und spannende Möglichkeit, **uns**

selbst, unser starkes Denken und Handeln zu verändern. Da Du, was mich natürlich schon sehr freut, bereits einige Erfahrung mit der Kraft in Dir und dem Universum gefestigt hast, wirst Du nun mit der nötigen Ruhe und Gelassenheit Deine Gedanken ordnen. Erinnere Dich, was ich eingangs geschrieben habe: Glaube an Dich selbst und alles ist Dir möglich. **Du bist stärker, als Du denkst.** Jeder Tag ist für Dich eine neue Chance, um glücklich zu sein. Ich kann mir vorstellen, was Du denkst und wie Deine Antwort lautet: „Ja, ich weiß." Eigentlich müsste ich mich ja einfach jetzt schon so fühlen, als wären meine Wünsche und meine Ziele bereits Realität, damit es sich verwirklicht. Sagt zumindest der Autor dieses Buches: **DICH SEIN *verleiht* Flügel.**

Ja, ich gratuliere Dir. Ganz genau, so ist es tatsächlich! Gedanken, die Du immer wieder denkst, werden mit einer enormen Kraft aufgeladen. Ich weiß wohl, dazu brauchst Du jetzt nochmals neues Vertrauen, damit Deine neuen Wünsche und starken Ziele in Erfüllung gehen, da vielleicht ja die genannten Sorgen sich wieder melden möchten. Wir können diese Welt zu einem friedvolleren Ort machen, wenn wir unser zuverlässiges Herz öffnen und in jedem Menschen seinen wertvollen Kern sehen.

Wir erkennen, dass wir alle Narben auf unserer Seele tragen und jederzeit unser Bestes geben. Dieses Bewusstsein lässt ein sehr gutes Gefühl der Leichtigkeit, des dankbaren Friedens und der Verbundenheit, in uns aufblühen. Solange Du äußeren Umständen die Macht über Deine Gefühlswelt gibst, bleibst Du selbst in der Opferrolle gefangen. Ändere, was Du persönlich ändern kannst, und akzeptiere, was nicht in Deiner Macht liegt. So findest Du inneren und wunderbaren Frieden und große Harmonie. Glaube und vertraue mir, ich kenne das zu gut und weiß auch genau, wie sich das alles anfühlt. Da der Verstand uns blockiert, kann sich dies so anfühlen, als würden wir uns selbst belügen. Glaube nicht alles, was Dein Verstand Dir vorgaukelt und erzählt. Sei immer achtsam mit Deinen eigenen Gedanken und frage Dich selbst:

Ist das wirklich wahr, was ich da jetzt gerade denke? Könnte dies nicht auch anders sein, bist Du sicher? Denke nun bitte nicht, Du wärst der naivste, der ahnungsloseste Mensch auf dieser Welt. Rede Dir persönlich auch nicht ein, nur, weil DU gestartet bist, positiv zu denken, dass Deine Dich plagenden Sorgen sich jetzt in Luft auflösen werden. Genau hier, ich sage es Dir klar und deutlich, ist der Grund, das Motiv, weshalb leider die meisten Menschen nicht an die sehr starke Kraft der Gedanken glauben. Zu viele Menschen schaffen respektive erreichen es nicht, die negativen, stark blockierenden Gedanken abzuwehren.

Erinnere Dich jederzeit daran, dass **NUR DU** in Deiner inneren Welt das Sagen hast und niemand anderes. Die kleinsten Wunder tragen oft den größten Reichtum in sich. Lächle in Dein gesundes Herz hinein und die dankbare Liebe lächelt zu Dir zurück. Je mehr Emotionen Du mit Deinen Gedanken verbindest, desto schneller wird er Wirklichkeit. Die Tatsache aber ist, aus einem Zustand des Mangels, durch neue negativen Gedanken, können weder eine Veränderung noch ein erfülltes Leben entstehen. Das ist leider die bittere, die leidvolle Wahrheit.

Wahrlich, die Art und Weise, wie wir unser Leben gestalten, ist von entscheidender Bedeutung. Es geht nicht nur darum, was wir tun, sondern auch darum, wie wir es tun. Die Haltung, mit der wir an die Dinge herangehen, beeinflusst unsere Erfahrungen und unser Wohlbefinden. Denke daran, dass Achtsamkeit und Bewusstsein in jedem Moment eine Rolle spielen. Ob wir eine Aufgabe erledigen, Zeit mit unseren Lieben verbringen oder einfach nur die Natur genießen – die Qualität unserer Präsenz und unseres Engagements macht den Unterschied. Also, lebe bewusst, sei authentisch und finde Freude darin, Dein Leben mit Integrität und Liebe zu gestalten. Denn es ist nicht nur das Ziel, das zählt, sondern auch der Weg dorthin.

Schenke von nun an jedem Deiner Schritte Deine volle Aufmerksamkeit und Liebe, und nimm bitte wahr, was sich dadurch für Dich selbst verändern wird. Schenke ein starkes Lächeln und Du wirst ein dankbares Lächeln empfangen. Dasselbe gilt für großes Glück und tiefe Liebe im Leben. Ich bin mir sicher, mit Deinem nun doch schon erlangten neuen Wissen wirst Du wiederkehrende und unangenehme Umstände mit Deinem guten Willen meistern. **Stärke Deinen Glauben täglich von Neuem, vertraue darauf, dass sich Deine Lebenssituation wenden lässt, besser wird.**

Dann wirst Du bald stolz auf Dich sein, denn wovon Du überzeugt warst, ist eingetreten. Schau mit Stolz und großer Dankbarkeit auf Dich selbst und die Welt mit Deinen gesunden Augen der Liebe und erkenne, dass Du persönlich ein großes und einzigartiges Wunder unserer wunderbaren Schöpfung bist. Sei dankbar dafür und freue Dich persönlich über die für Dich neue Situation. Packe jetzt mit der nötigen Ruhe Deine weiteren Ziele und Wünsche an. Entwickle in Deinem Gehirn die Überzeugung, dass sich diese Vorhaben demnächst erfüllen werden.

So werden Dir schon bald, neue Situationen und Möglichkeiten entstehen, die Du jetzt aber noch nicht sehen kannst. Je mehr dankbare Liebe Du der Welt schenkst, desto mehr Liebe und Harmonie wird in Dein persönliches, wunderbares Leben fließen. Merke Dir: Gleiches zieht Gleiches an. Das ist das wahre Gesetz der Anziehung. Durch diese enorm starke Anziehungskraft, durch dieses mächtige Gesetz, wird sich **Dein Leben SOFORT verändern.** Nur ganz wenige Menschen verstehen es wirklich. Was wir an Gedanken und Gefühlen aussenden, davon ziehen wir mehr in unser Leben. Alle Gefühle dürfen da sein. Gib ihnen Raum. Doch um Dich nicht in ihnen zu verlieren und zu leiden, richte Dich immer wieder bewusst auf heilende Gefühle und Gedanken aus. Dies bringt Dir dankbare Selbstliebe und große Achtsamkeit. Das sind keine spirituellen Verschwörungstheorien, sondern Fakten, wirkliche Tatsachen. Es ist nur ein Gedanke und ein Gedanke kann geändert werden.

Ein Tag hat 1440 Minuten, hast Du eine dieser Minuten genutzt, um Dir und Deinen Lieben Danke zu sagen? Ich sage Dir, Dankbarkeit auszudrücken ist ein guter und der beste Weg, eine momentane Schwingung von negativer zu positiver Seite zu wenden und zu verändern. Dankbarkeit ist für Dich auch eine sehr bekannte Methode, um Deine Zufriedenheit zu vervielfachen. Nehme immer dankbar an, dass jeder Tag und jede Stunde, **Dein Wohlbefinden und Dein Glück, immer in Deiner eigenen Verantwortung liegen.**

Dankbarkeit ist für uns die ultimative, die ausdrückliche Schwingung, um mehr anzuziehen, wofür man dankbar sein kann. Begrüße jeden Tag mit Dankbarkeit und einem dankbaren Lächeln in Deinem Herzen. Sei in Deinem Leben mit großer Begeisterung weitsichtig. Sei dem Leben dankbar, dass es Dir die Freiheit schenkt, Deinen eigenen Willen zu wählen. In dieser Wahl liegt die Kraft, die Richtung Deines Lebens zu bestimmen.

Öffne Deinen Geist und Dein Herz, in Dankbarkeit, für gute Dinge, die jetzt auf dem Weg zu Dir sind. Danke dem Universum, der Schöpfung, für alle Ressourcen, die Möglichkeiten und die Weisheit, die durch Dich fließen. Sei glücklich und dankbar für die Freiheit, die Du hast, Du selbst zu sein. Entscheide Dich in Deinem Leben, mutig, unverfälscht und ehrlich zu sein. Sei dankbar für diese schöne Reise Deiner Selbstentdeckung. Wir alle durchlaufen auf unserer Lebensreise Wellenhochs und Wellentiefs. Besonders in schwierigen Zeiten benötigt unser starkes Herz unsere ganze Liebe und Zuwendung. Wir alle sind ein wunderschöner Ausdruck des Lebens. Denke daran, Du bist hier auf unserer schönen Welt, um als einzigartiges Licht zu erstrahlen.

Du verdienst das starke Glück, in Deinem Leben, als Wertschätzung gegenüber dem Universum. Dein Glück, in Deinem Leben, hängt von der Beschaffenheit Deiner eigenen Gedanken ab. Deine inneren Überzeugungen und Gedanken beeinflussen maßgeblich Deine Wahrnehmung und Deine Erfahrungen. Positives Denken und eine optimistische Einstellung können dazu beitragen, dass Du mehr Freude und Erfüllung in Deinem Leben findest. Denke daran, dass Du die Gestalterin Deiner eigenen Realität bist. Wenn Du Deine Gedanken bewusst lenkst und positive Energien anziehst, kannst Du Dein Glückspotenzial maximieren.

Sei in Deinem Leben immer dankbar für die kleinen und die großen Dinge und Geschenke. Genieße, sooft Du kannst, den blauen Himmel, die strahlende Sonne, das Geräusch der Regentropfen sowie die Brise in Deinen Haaren und auf Deiner Haut. Zelebriere öfters auch einfach ein Lächeln, eine Berührung oder eine warme Umarmung, von einer vertrauensvollen, lieben Freundin oder einem guten und lieben Freund.

Wir alle haben unseren Platz auf dieser lebenswerten Erde. Wir alle sind miteinander verbunden. Und ich sage Dir, alle wunderbaren Lebewesen – ob groß oder klein, ob nah oder fern – verdienen die gleiche Liebe und Wertschätzung. In solchen Momenten, Augenblicken dehnen sich Dein Herz und Dein Verstand gemeinsam in Harmonie und großer Dankbarkeit aus. So werden Dir so viele Ereignisse und Dinge bewusst, die es zu würdigen gilt, an die Du nie zuvor gedacht hast. Nehme in Deinem schönen Leben täglich alle Deine Begegnungen, Eindrücke immer mit Dankbarkeit an. Sei somit dankbar für alle Lektionen, welche Dir Dein Leben ermöglicht und Dich wachsen und genießen lassen. Denke stets daran, **DU selbst hast die Freiheit,** somit die Wahl **und die Macht, zu ändern, was zu ändern ist.** Sei immer dankbar für solche Gelegenheiten, so findest Du persönlich immer wieder Dinge, die Du nun in Deinem Leben zu schätzen weißt. Willst Du, was ich natürlich doch hoffe, weiteres anpacken und verwirklichen? Welche sind **Deine klar NEUEN Ziele, Träume, Wünsche oder Projekte?**

Jetzt frage Dich als Erstes: Warum – Wozu? Warum willst Du, dass Dir diese Vorhaben gelingen werden? Was erwartest Du persönlich davon? Welche Gefühle kommen auf bei Deiner Vorstellung, dass Dir die Umsetzung bereits gelungen, ja, abgeschlossen ist? Deine Fragen nach dem Warum & Wozu zeigen Dir, wie stark Deine Motivation heute bereits ist, das Vorgenommene zu erreichen und in Deinen Alltag einfließen zu lassen.

Deine Motivation, Dein Wille ist die unersetzbare Kraft, die Du auf Deinem spannenden Weg, Deinem Lebenspfad, brauchst. Doch ich sage Dir, ab und zu trifft man auch auf Hindernisse, Widerstände und andere Herausforderungen. Sage Dir, jetzt erst recht, mit der Kraft in mir und der neuen Motivation zielgerichtet weiter zu gehen. Jetzt weißt Du persönlich, warum und wozu Dir Deine geplanten Vorhaben so wichtig sind. So kommst Du nun stufenweise und sehr begeistert und mit großer Dankbarkeit sicher an Dein neues, gewünschtes Ziel. Vergiss jetzt bitte nicht, Deine neu erreichte Lebensqualität für Dich zu genießen und zu zelebrieren. Teile Deine neuen Freiheiten mit Deinen Liebsten, denn geteilte Freude und Zufriedenheit werden so verdoppelt und zum Segen aller. Ich gratuliere Dir, alles Gute, auf Deinem neuen und spannenden Lebensweg!

Wer seine Ziele setzt, ehrgeizige Ziele und Vorhaben, die aber auch erreichbar sind, ist jemand **wie DU**, der seine Zukunft anpackt, selbst gestaltet, jemand, der Außergewöhnliches leistet. Wer es aber versäumt, sich eigene Ziele zu setzen, wird weiterhin unzufrieden und unglücklich sein. Diese Menschen laufen im Alltag nur mit der Maße, solange es gut geht. Doch weht der Wind eines Tages rauer, so fallen sie unweigerlich in eine Sackgasse, in eine Leere.

Denke daran, Dein Ziel soll nicht sein, morgen den Mond zu erreichen. Du erzielst Dein Glück aus dem Erreichen eines kleinen Ziels. So funktioniert das, glaube mir bitte. Dann kannst Du bereits an Deine größeren Ziele herantreten und sie umsetzen und wieder Erfolg haben. Manchmal wird sich der Erfolg, wie geplant, einstellen, aber selten wird es länger dauern, habe Geduld. Akzeptiere und liebe Dich mit allem, was war, und mit allem, was ist. Denn zu Deinem Leben und Wachsen ist Regen genauso wichtig wie Sonne. In solchen Fällen ist es für Dich sehr wichtig, weiter zu planen und mit neuer Kraft und starkem Schwung das neu gesteckte Ziel dankbar zu erreichen. Ohne feste Ziele und Vorhaben treibst Du einfach so durch Dein Leben, ohne Freude, ohne Sinn. Deine Zeit wird dadurch leider nur vergeudet, weil nichts NEUES ansteht. Du kannst alles Beliebige verschieben.

Doch **NEUE ZIELE** geben Dir eine neue Ausrichtung und halten und stärken Dich auf Deinem wunderbaren, einzigartigen Lebensweg. Es ist für Dich ganz normal, wenn sich Zielsetzungen im Verlaufe der Jahre entwickeln und ändern. Bei uns allen ändert sich das Leben, deshalb sollten auch die Ziele neu bewertet werden. Unternehmen genauso wie Einzelpersonen brauchen neue Ziele. Die Regeln sind grundlegend die gleichen. Bei Deiner Zieldefinition achte stets auf die klare Formulierung, beschränke Dich auf das Wesentliche und stelle nicht zu viele Vorhaben auf einmal.

Setze Dir nur **Ziele, die klar, anspruchsvoll und erreichbar sind.** Erinnere Dich an Deine innere Stärke, Deine unerschöpfliche Kraftquelle. Als Dein eigener Leader, Dein eigener Chef, verlierst Du so nie die Übersicht. Du selbst behältst das Wesentliche im Auge und bestimmst Deinen eigenen, wunderbaren und neuen Lebensweg. Alte Emotionen und Überzeugungen, die Du aus der Vergangenheit mitgenommen hast, die Dir nicht mehr dienen, lasse sie mit Frieden in Deinem Herzen gehen, lasse und gebe sie frei. Du musst Dich nun für eine Geisteshaltung der Fülle entscheiden, die Dich positiv in Deinem neuerwachten Leben stärkt. Danke dementsprechend **für den neu erlangten *Frieden*, Liebe, Leidenschaft und Harmonie**. Schätze Dich heute nun, so wie Du bist. Sei dankbar für Deine innere Stärke, für die Freiheit und das Glück in Deinem Leben. Schöpfe Deine Kraft immer aus dem Positiven und lasse Dich nicht vom Negativen schwächen. Sprich und handle stets aus Deinem wunderbaren Herzen. So wirst Du selbst die pure und wahre Schönheit des Seins erfahren. Wenn Du Dich und Deine Gedanken änderst, veränderst sich auch die Welt, die Dich umgibt. Überprüfe liebevoll Deine neue innere Welt, bevor Du versuchst, die äußere zu verändern.

***

Friede

Entscheide Dich selbst, von welcher der beiden Welten Du Dich beherrschen lassen willst. Von der inneren oder der externen Welt? Lässt Du Dich von der äußeren Welt leiten und beherrschen, so wirst Du ein Opfer, ja sogar ein Sklave dieser stofflichen Welt. Entscheidest Du Dich aber für **DEINE INNERE WELT**, so wirst Du selbst zum Meister Deines Lebens. Die äußere Welt zeigt uns klar und unmissverständlich, wie es tief in uns drinnen aussieht. Du kannst Dich entscheiden: Willst Du (wie die meisten Menschen) weiterhin immer nur auf die äußere Welt reagieren? Unsere externe Welt ist der Spiegel unserer inneren Welt.

Unsere Beziehungen zu anderen sind der Spiegel zu uns selbst. Oder willst Du gezielt die Macht Deiner Gedanken nutzen und damit veranlassen, dass die äußere Welt auf Deine Gedanken reagiert? Das bedeutet für Dich: Du fängst genau in diesem Augenblick an, Dir Deine Wirklichkeit zu erschaffen, indem Du aufhörst, lediglich auf die externe Welt zu reagieren. Erkenne, dass Deine Sicht der Dinge nur eine von vielen Perspektiven ist. Jeder Deiner Blickwinkel hat seine Daseinsberechtigung. Jede Deiner Sichtweisen ist sehr wertvoll und wichtig in Deinen wunderbaren neuen Leben. Somit übernimmst Du persönlich die Verantwortung fürDeine eigenen Gedanken. Denke immer positiv. Die Wirkung positiver Gedanken wird bei Dir nicht lange auf sich warten lassen. Du erschaffst somit neue Denkmuster, die Deine Worte entscheidend prägen werden. Dies zu erkennen, ist sehr wichtig. Die meisten Gedanken werden nicht nur gedacht, sondern ausgesprochen, das heißt in Worte umgesetzt.

***

Du bist im Leben immer das, was Du denkst. Deine Gedanken steuern alles. Sie sind stärker als Deine Fäuste und sie sind stärker als jede Wand. Was glaubst Du? Die Menschen sind grundsätzlich gut, daher gehst Du positiv, offen und vertrauensvoll auf andere Menschen zu? Oder doch eher, die Menschen sind hinterlistig, falsch und egoistisch? Daher gehst Du vermutlich vorsichtig und verschlossen auf fremde Menschen zu und Du schenkst ihnen erst einmal kein Vertrauen? Es ist befremdend, wenn man sich überlegt, wie viel unnötige Energie auf die Vergangenheit und die Zukunft investiert respektive verschwendet wird?

Die Vergangenheit ist vorbei und die Zukunft noch in der Ferne. Sosehr Du Dich auch bemühst, Du kannst weder die eine noch die andere Zeitform beeinflussen. Für Dich gibt es nur eine Zeit, in der Du glücklich leben kannst, das ist nun für Dich **die Gegenwart, das ist HEUTE und JETZT!** In jedem Deiner Augenblicke liegt der Zauber des Neuen, darum lebe im Jetzt in Deiner Gegenwart. Die Zeit, die somit bei Dir beginnt, ist unverbraucht. Denke daran und lasse Dich nicht unnötig ärgern, was hätte sein können usw. Verstricke Dich nicht in Ängste über Dinge, welche irgendwann in Deiner Zukunft vielleicht geschehen könnten oder auch nicht. Richte Dein Augenmerk deshalb auf den einzigen Punkt, an dem Du etwas Gutes und Neues ausrichten kannst: auf die Wirklichkeit in Deinem heutigen Tag, in Deiner Gegenwart. Du darfst das Grübeln und die Luftschlösser vergessen.

Natürlich denkst Du über das Morgen nach und lernst auch vom Gestern. Du hast jeden Morgen aufs Neue die Möglichkeit, Deine eigenen Entscheidungen zu treffen. Also die Entscheidung, wer Du sein willst und wohin Du selbst gehen möchtest? Versuche somit das Beste aus den Erfahrungen Deiner Vergangenheit zu ziehen. Du musst Dir dabei bewusstwerden, dass die Vergangenheit und die Zukunft die beiden Dinge sind, die wahrscheinlich niemand ändern kann. Darum darfst Du jeden Tag wie ein wunderbar großes Geschenk sehen.

Du musst lernen, mit dem Guten und weniger Schönen zu leben. Es gibt weder gute noch schlechte Gefühle. Jede Wahrnehmung, jedes Gefühl, ist ein wertvolles Geschenk, ein guter Freund und eine Botschaft dafür, dass es etwas in Dir genauer angesehen oder geheilt werden möchte. Stelle deshalb das Gute in Deinen Mittelpunkt, in Dein tägliches neues Wirken und dankbares Gelingen. Richte Deine Energie, Deine Aufmerksamkeit, Dein Streben auf das, was momentan zählt: **auf das HEUTE, auf den jetzigen Moment.** Somit kannst Du zu Deiner Arbeit gehen. Du wirst vielleicht überrascht sein, wie viel an einem Tag zu leisten, zu erledigen, möglich ist? Zu Deiner immer und wiederkehrenden neuen Motivation sage Dir doch Folgendes: Ich bin ein wirklich einmaliger und guter Mensch, ein Wunder der Natur und des Universums. Diese neue Klarheit und große Freude am Sein mit Deiner inneren Hilfe geben Dir neue Kraft und dankbares Vertrauen in jedem Augenblick in Deinem Alltag. Im Weitern lasse Dich bitte nicht von der Vergangenheit einschränken, sondern **lebe im Hier und Jetzt**, in der Gegenwart, im jetzigen Augenblick.

Vergeude keine Zeit und Energie, indem Du Dich über Dinge ärgerst, welche Du nicht ändern kannst. Wir werden täglich von unangenehmen Ereignissen der verschiedensten Art heimgesucht. Sei sanft und mitfühlend mit Dir selbst. Sprich jederzeit so mit Dir selbst, wie Du auch mit jemand anderem sprechen würdest, den Du von ganzem und sehr dankbarem Herzen liebst. Einige davon lassen sich durch Dich mit Glück und etwas Geschick abwehren. Doch Du wirst immer Probleme antreffen, die sich Deinem Einfluss entziehen werden: Verbrechen und Armut, die Stundenzahl eines Tages, die Tatsache, dass andere Zugriff auf wichtige Bereiche in Deinem persönlichen Leben haben.

Dies sind für uns alle unabänderliche Fakten. Trotz größter Anstrengungen und bester Einfälle, trotz aller Hilfe, die Du für Dich mobilisieren kannst. Einige Dinge in unserem Leben können wir nicht steuern. So ist es nun mal in unserem Leben auf dieser schönen Welt. Doch je eher Du lernst, Dich damit abzufinden, desto glücklicher und erfolgreicher wirst Du in Deinem wunderbaren Leben sein und es voll und ganz genießen. Offensichtlich machen uns nicht die Umstände glücklich oder eben unglücklich, sondern die Art und Weise, wie wir darauf reagieren. Aber hier bleibt Dir leider kaum eine Wahl, als das Unausweichliche hinzunehmen. Erlaube Dir selbst, Dich jeden Tag wieder neu ins Leben zu verlieben. Zusätzlich erlaube Dir auch, nach der Melodie Deines Herzens zu tanzen und Dich selbst immer wieder, neu zu erschaffen. Deine Alternative dazu ist meistens ein Leben voller Unzufriedenheit und Verbitterung. Erst wenn Du aufhörst, das Unausweichliche zu bekämpfen, hast Du die Zeit, die Kraft und die Phantasie, Deine Probleme zu lösen.

Das hinzunehmen, was geschehen ist, kann der erste Schritt zur Überwindung der Folgen jedes einzelnen Unglücks sein. Frage Dich immer, wie viel Sorge ist mir ein Problem, wirklich wert? Ist es nur eine einzige, schlaflose Nacht? Ist es eine ganze Woche aktuell? Ist es sogar, was ich für Dich doch nun wirklich nicht hoffe, ein Magengeschwür wert? Solche Unstimmigkeiten sollten Dir sicher selten Kopfzerbrechen bereiten und Dich belasten. Entscheide Du selbst, immer im Voraus, wie viel Sorge und Kummer Dir ein Problem wirklich wert sind.

Denke daran, kein Problem ist es wirklich wert, Dich verrückt machen zu lassen. Nichts lenkt besser ab, als wenn Du Dich mit etwas anderem beschäftigst. Ich sage Dir hier aus eigener Erfahrung, den Mitmenschen zu helfen ist eine ausgezeichnete Methode, Dein Besorgtsein und schmerzenden Ängste zu bekämpfen und für immer loszulassen und frei zu geben. So wirst Du frei von Sorgen und Dein eigenes Leben erhält neuen Schwung und starke Energie. Hier ist immer Vorsicht geboten. Du siehst vermutlich den Sachverhalt, die Dinge nicht, wie sie wirklich sind? Der Grund dafür ist, Du siehst sie nur so, wie Du selbst bist. Du kennst sicher auch Situationen in Deinem Leben, in denen Deine „Betriebstemperatur“ ansteigt und der

Blutdruck noch dazu? Dies sind vorübergehende Situationen, in denen Du Deine innere Mitte, Dein Kraftzentrum verlierst und vermutlich auch noch ein bisschen Deinen Verstand. Unter diesen Umständen ist es für Dich sehr wichtig, Dich zu entspannen und loszulassen. Bleibe in Deiner Mitte, Du selbst, nur Du persönlich und ganz mit Dir selbst, bis der **Herr und Meister, Deiner Gefühle und auch Deiner Gelassenheit.**

Richte in solchen Momenten verstärkt Deine Aufmerksamkeit auf Dein inneres Zentrum. Der größte Reichtum des Lebens ist, Frieden und Harmonie in sich selbst zu finden. Reise nicht um die ganze Welt, um nach ihm zu suchen. Sondern erkenne bitte, dass Du den Schlüssel bereits in Deinen eigenen Händen hältst. Denke dabei immer an die Vorgehensweise: Zuerst Deine innere Haltung stärken, erst dann die äußere Form, die Außenwelt, langsam berücksichtigen.

Konzentriere Dich so auf Deine körperliche und geistige Mitte. Denke immer daran, Deine Gedanken formen Deine Realität. **Alles, was Du neu suchst, ist bereits in Dir.** Deine größte Angst enthält auch Deine absolute Verwandlung. Die Angst vor der Veränderung entsteht aus Deinen eigenen, neuen Gedanken, welche Dich kleinhalten möchten. Doch verzweifle bitte nicht, der Mut Deines Herzens ist viel, sehr viel stärker als jede Art von Angst. **Lerne in Deinem Leben, das Unerwartete zu akzeptieren.** Dein Glück in Deinem Leben hängt von der Qualität Deiner Gedanken ab. Habe den Mut Fehler zu machen. Jeder Fehler ist Deine Chance, viel Neues zu lernen und besser zu werden. Alles in Deinem Leben hat seinen Sinn, auch wenn Du ihn manchmal nicht verstehst. Du hast sicher auch schon mehrmals erlebt, dass Du etwas gesagt oder getan hast, und eine andere Person meinte dann zu Dir: „Das ist doch sicher falsch – oder das hast Du nun wirklich verwechselt?" Vielleicht auch noch: „Das kannst Du überhaupt nicht sehen, Du liegst da völlig falsch."? Wie fühlten sich diese Aussagen für Dich an? Du warst vielleicht sogar ein bisschen schockiert?

Fühltest Du Dich nicht richtig wertgeschätzt und nicht ernst genommen? Dies war sicher für Dich nicht besonders motivierend und für die Beziehung zu dieser Person auch nicht gerade förderlich. Jemanden loszulassen, kann das Schmerzhafteste, aber gleichzeitig auch der größte Liebesbeweis auf Erden sein. Dies liegt in der Natur von uns Menschen. Wie oft beurteilen wir Menschen und ihre Denk- und Verhaltensweise als falsch? Natürlich falsch aus unserer Sicht der Welt.

Wenn im Leben unsere eigenen Denk- und Verhaltensweisen als ungerecht beurteilt werden, erleben wir öfters so etwas wie herbe Enttäuschung oder sogar eine Art von Wut. Wir denken dann sicher, wie kann diese Person das wissen? Meine Überzeugung ist doch völlig richtig und logisch. Bei mir ist doch sicher gar nichts falsch, bei meinem Gegenüber liegt der Fehler. Achte Du selbst einmal darauf, wann Du persönlich etwas als falsch, ungerecht, beurteilst. Du musst nun versuchen, Dich an andere Worte zu gewöhnen. Sage doch bitte: Das ist interessant ... oder wie kommst du darauf? ... oder wie bist du da vorgegangen? Vielleicht hast Du schon jetzt eine Vorstellung darüber, wie sich die Beziehungen, die Kommunikation, die neue Zusammenarbeit, mit diesen Menschen verändern könnte? Möglicherweise erahnst Du auch, dass mit solchen Fragen Dir auch neue Möglichkeiten gegeben werden. Deine neuen Denk- und Sichtweisen auf Dein Leben zu ändern und neue Ansätze kennenzulernen. Du kannst nur dann Deinen neuen Weg gehen, wenn Du den Mut hast, Deinen alten und steinigen Weg zu verlassen und zu vergessen.

Gehe HEUTE, den ersten Schritt, er kann der Beginn von etwas ganz Großem und Wunderbarem sein! Solche Situationen können Dich sehr bereichern und Deinen Horizont erweitern. Auf diese Weise entsteht für Dich etwas völlig Neues. So entwickelt sich für Dich ein neuer Denkprozess, der ein gegenseitiges und neues Verständnis in Deiner Kommunikation entfalten kann. Mein Tipp für Dich:

Wann immer Du eine Verhaltens- oder Denkweise als falsch oder ungerecht empfindest, halte kurz inne und sage Deinem Gegenüber: „Interessant, wie kommen Sie dazu?“ Beachte Dich nun ganz selbst, was passiert und was sich verändert? Eines der sehr mächtigen Gefühle für Dich ist die Manifestation der Gesamtsituation, ist die Dankbarkeit. Wenn Du für eine bestimmte Zeit in einem Gefühl der Dankbarkeit verweilen kannst, ist es das, was Du in Dein Leben ziehen wirst. Gefühle und eigene Gedanken dürfen da sein. Du musst ihnen den Raum geben, den sie brauchen. Doch vergiss bitte nie, Deinen Blick auch wieder auf all die neuen Schönheiten in Deinem wunderbaren Leben zu richten. Auf all das, was Dich umgibt und mit viel Freude und großer Liebe erfüllt. So wirst Du persönlich dankbarer für all die Segnungen in Deinem Leben. Sage zu Dir schon am Morgen, heute suche und schätze ich das Positive in meinem wunderbaren Leben.

Somit bist Du mit neuer Freude und Dankbarkeit im Einklang, mit der reichhaltigen Natur des Universums. Bist Du momentan vielleicht in einem finanziellen Engpass, so sei trotzdem entspannt. Denn Geld kommt oft auf erwartete und unerwartete Weise zu Dir. Im Weitern sei Dir immer bewusst, Dein Körper weiß genau, was das Beste für Deine Gesundheit und Dein Wohlbefinden ist. Sei Dir stets bewusst, dass DU, nur **DU ALLEINE**, die Quelle Deiner kraftvollen Energie bist. Mit Deiner nun positiven Lebenseinstellung ziehst Du die perfekten Menschen für Dich zur richtigen Zeit an – bitte glaube mir.

So ergeht es Dir besser mit Dir selbst und den anderen und wirst in Deinem guten Leben glücklicher und erfolgreicher sein. Hiermit bleist Du vollkommen gesund und wirst jeden Deiner Tage auf das Neue genießen und zelebrieren. Hast Du Dich selbst schon mal gefragt, wie Du eigentlich über Dich persönlich denkst? Ich hoffe doch für Dich selbst, Deine Einschätzung ist nicht zu negativ ausgefallen? Ich sage Dir hier ganz deutlich und klar, was Du für Dein gutes Leben benötigst. Du musst in Deinem Leben positiv denken. Wenn Du Dich selbst auf die guten Dinge fokussierst, wirst Du ein wirklich glücklicher und dankbarer Mensch werden. Deine nun starken und sehr positiven Gedanken werden dadurch immer mehr zu Deiner neuen Wirklichkeit.

Positives Denken bringt Dir dementsprechend neue Freude und Fülle in Deinen Alltag. Entdecke mit neuem Glauben das Göttliche, als Liebe und stetige Kraft und Du bringst es in

Deinem Leben, als Gesundheit und Harmonie, zum Ausdruck. Befreie Dich sofort von den unnötigen Auflagen von der krankhaften Schicht aus altem Schmerz, aus Glaubenssätzen oder den Erwartungen und den gut gemeinten Ratschlägen anderer. Lass los, befreie Dich von dem, was Du selbst, nicht mehr bist. Du persönlich bist es wert, geliebt und gesehen zu werden. **Weil DU DICH SELBST BIST, also der Du bist.**

***

Ich kenne leider sehr viele, ja viel zu viele Menschen, welche fast nur negativ denken und so ihren traurigen Alltag bewältigen. Wer dauernd denkt, er sei ein Versager, der wird auch in seinem Leben scheitern und, leider, ein Versager bleiben. Aber ich sage Dir **die Lösung, mit welcher Du, Du persönlich**, Dein neues und sehr glückliches und erfolgreiches Leben, jeden Tag, genießen kannst.

Wenn Du nach neuen Mitteln und Wegen suchst, um für Dich selbst zu sorgen und zu planen, dann sind hier einige Ansätze zur Lösung: **Selbstfürsorge und Planung:**

Reflektiere: Nimm Dir Zeit, um über Deine Bedürfnisse, Ziele und Wünsche nachzudenken. Was ist Dir wichtig? Was möchtest Du erreichen?

Priorisiere: Identifiziere die wichtigsten Aspekte Deines Lebens, die Du verbessern möchtest. Setze Prioritäten und erstelle eine Liste.

Setze Ziele: Definiere klare Ziele für Dich selbst. Was möchtest Du in den nächsten Wochen, Monaten oder Jahren erreichen?

Erstelle einen Plan: Überlege, wie Du Deine Ziele erreichen kannst. Welche Schritte sind erforderlich? Plane Deine Aktivitäten und Ressourcen.

Selbstpflege: Vergiss nicht, auf Dich selbst aufzupassen. Achte auf Deine Gesundheit, Ernährung, Schlaf und emotionales Wohlbefinden.

Lerne: Informiere Dich über neue Möglichkeiten, Techniken oder Fähigkeiten, die Dir helfen können.

Denke daran, dass Selbstfürsorge und Planung individuell sind. Finde heraus, was für Dich am besten funktioniert, und sei geduldig mit Dir selbst. Viel Erfolg!

Da Du nun nicht mehr negativ denkst, sondern erfolgreich und mit Unterstützung Deiner einzigen wahren Kraft in Dir selbst, wirst Du auch erfolgreich sein und Dich von Neuem auf den kommenden, ereignisreichen Tag freuen können.

Mit Deiner sehr kraftvollen und dankbaren Einstellung bleibst Du nun ruhig und gelassen, was sich natürlich sehr positiv auf Deine Gesundheit, den ganzen Körper, den Geist und die Seele auswirkt. Ich gratuliere Dir von ganzem Herzen für Deinen sehr eindrucksvollen neuen Lebensabschnitt. Verantwortung für Dein eigenes Leben übernehmen, das große Charakterstärke von Dir persönlich zeigt.

Wer kennt das nicht: Klar, es ist natürlich sehr bequem, wenn man anderen die Schuld in die Schuhe schieben kann **für ALLES**, was Dir nicht gelingt. So kann man sich dann auch so schön selbst beklagen, sich selbst bedauern und schließlich kann man ja auch nichts dafür? Wir alle sagen dann doch oft, sehr gerne: Ja, ich weiß ja schon, was soll ich denn bloß machen? Bin ja auch nur ein Mensch wie alle anderen? Was kann ich denn persönlich auf dieser Welt schon ändern, oder verbessern?

Ich sage Dir, sei bitte keine Marionette, die ausschließlich an Fäden hängt und von andern Menschen zum Leben erweckt wird! Wer hält denn die Fäden in unserem schönen Leben in der Hand? Ganz klar, **nur wir selbst** müssen unser Leben bestimmen und im Alltag wirken lassen. So hast Du die Möglichkeit, diese Fäden abzutrennen und **DEIN LEBEN selbst** zu **bestimmen.** Du allein hast die Verantwortung für ein besseres Leben. Nimm es sofort in Deine eigenen Hände und gestalte es sinnvoll, dankbar und mit voller Freude. Vertraue bitte in Dich und Deine starken Fähigkeiten, packe Dein Leben noch heute an, **gerade JETZT** ist der beste Augenblick.

Sage Dir, Du hast dies auch verdient: „Ich bin mit mir im Reinen und liebend gerne auf dieser entdeckungsfreudigen und schönen Welt." Ruhe und Frieden in Deinem Kopf sind die Kraftquellen für Deinen Alltag. Eine weitere und sehr bewährte Methode, Dich kurz zu entspannen und loszulassen, kann schon eine kleine Auszeit in Deinem Alltag sein. Dies kann ein kleiner Spaziergang, wenn möglich, ein sanfter „Powernap" also ein Kurzschlaf, in der Dauer von ca. 15–25 Min. usw. sein. Dies versorgt Dich mit neuer, starker Energie, damit Du anschließend wieder voll durchstarten kannst.

Dann an Wochenenden, oder sonst freien Tagen, genieße es jetzt einmal, Dich nur um Dich selbst zu kümmern, dies natürlich ohne schlechtes Gewissen. Dies alles gönne Dir persönlich, ohne jeglichen Druck oder eventuelle Erwartungen an Dich selbst. Fokussiere Dich auf das, was in diesem Moment wirklich von Bedeutung ist. Richte Deine Aufmerksamkeit auf **Dein SEIN im Hier und JETZT.** Wie sieht Dein Gedankenzentrum in diesem Moment aus? Werden Deine Gedanken nun ruhiger oder sind sie immer noch aktiv? Du darfst alles, was in Dir präsent ist, als wahr empfinden. Entspanne Dich weiter und genieße die Stille, die neue Ruhe und die Gelassenheit. Schenke Dir täglich schöne Momente in der heilsamen Stille. Nimm Dich so sehr persönlich ganz selbst wahr. Erlaube Dir genauso zu sein, wie Du in dieser dankbaren Stille bist und Dich fühlst. **Einfach nur DICH SEIN,** nur Deine Ruhe und Deine Gelassenheit genießen. Nichts auf Erden kann größer, heilender und kraftvoller sein als ein bewusster Moment, in Ruhe und Stille.

Solche Momente verleihen Dir absolut neue Kraft, starkes Selbstvertrauen und einen sehr dankbaren, neuen Schwung für die kommenden Tage. All dies ist Balsam für Deine Seele und Deine Gelassenheit. Gönne Dir immer wieder Phasen in Deinem wunderbaren Leben, dies ganz gewollt und genussvoll. Frage Dich regelmäßig, was tut meinem Körper, meiner Seele und meinem Geist gut? Höre in solchen Etappen immer auch auf Dein Inneres, Deinen starken Kern, Deinen unermüdlichen Helfer. Was hast Du schon lange nicht mehr gemacht, was Dir viel Spaß und die nötige Abwechslung in Deinen Alltag bringen kann?

Wonach sehnst Du Dich? Was würdest Du jetzt einfach mal sehr gerne für Dich alleine, für Dich selbst tun wollen? Dazu gibt es zahlreiche Möglichkeiten für Dich. Deine Lieblingsmusik hören, ein Dir schmeckendes Essen gönnen, mit einem Dir passenden Wein? Danach einen entspannenden, wohltuenden Spaziergang in unserer schönen und farbenfrohen Natur genießen? Dich mal so richtig mit Glück und Freude von unserer Naturschönheit berieseln und mit Dankbarkeit erfüllen zu lassen? Danke dem Leben für die Magie und den Zauber der Natur. Sie ist unser bester und größter Lehrer. Sie lehrt uns Hingabe und volles Vertrauen und Geduld. Sie lehrt uns alle, einfach zu sein. Vielleicht danach in Deinem bevorzugten Buch blättern und darin zu lesen, das für Dich heißt, in aller Ruhe Dich beim Lesen erfreuen und komplett entspannen. **Es braucht, um die nötige, gute Distanz, zum hektischen und heute oft für viele zu stressigen Alltag zu haben, überhaupt nichts Spezielles.**

Ich sage Dir aus Erfahrung, es sind meistens vielmehr die kleinen Dinge in Deinem Leben. Du darfst diese mit allen Deinen Sinnen, mit Deiner Aufmerksamkeit genießen und damit zu etwas sehr Besonderem machen, Dich freuen und die neuen Dinge auf Dich persönlich einfach wirken lassen. Hierzu gibt es aber viele, für mich viel zu viele, mit der banalen Ausrede, ich habe doch dafür unmöglich Zeit, das weißt Du ja? Ich bin nun für Dich sehr froh, Du kennst ja diesen Genuss und die daraus entstandene Entspannung bereits selber bestens.

***

Schon 15–20 Minuten, die Du ganz und nur Dir selbst schenkst und genießt, sind eine Wohltat für Deinen Körper, Deinen Geist und Deine Seele. Solche kurzen Auszeiten, mal abschalten, werden Dir unendlich guttun und Dich neu erquicken. Gönne Dir immer wieder etwas Gutes, es ist einfach schön, dass es Dich gibt. Wenn Du Dich selbst liebst, können auch andere Dich lieben und schätzen. Du hast Dich sicher auch schon gefragt, vielleicht sogar mehrmals, was der Sinn des neuen Lebens und das Recht auf Glück sind? Ich persönlich bin davon überzeugt, dass der eigentliche, wahre Sinn in dem Streben nach Glückseligkeit und Seelenfrieden besteht. Dazu gibt es auch sehr viele religiöse und philosophische Ansichten und Theorien dazu. Alles in allem ist die Frage nach dem Sinn und Zweck des Lebens eine ganz persönliche und sehr komplexe Frage. Diese lässt sich meiner Ansicht nach nur persönlich, jeder für sich selbst, beantworten. Meine Erkenntnis dazu ist, losgelöst von der Religion, jeder von uns strebt und hält Ausschau nach etwas Besserem in seinem Leben.

Dasselbe gilt auch für das Glücklichsein, jeder von uns sehnt sich danach und träumt davon. Ein klares NEIN wo Du nicht einverstanden bist, ist immer **ein dankbares JA zu DIR SELBST.** Nur Du kannst genau wissen, was gut und das Beste für Dich ist. Denn nur Du kannst fühlen, was Du benötigst, um wirklich glücklich, zufrieden und ganz **Du selbst zu sein.** Wenn ich Dich nun Frage: Ist glücklich sein für Dich eine Entscheidung?

Ich sage Dir hier, ganz klar, JA. Du kannst Dich bewusst, in Dein neues Glück, Dein Wohlgefühl und in Dein Behagen, hineinbewegen. Du darfst Dich hier bitte nicht täuschen lassen. Einigen Menschen gelingt dies scheinbar viel stärker, leichter und besser. Da gibt es natürlich auch die anderen, welche sich zu oft als Unglücksmensch, als Verlierer, bezeichnen. Leider sind solche Menschen von sich überzeugt, dass ihnen sowieso niemals etwas gelingen wird. Diese Menschen erkennen leider, nicht wie Du jetzt schon, woher die Hilfe zur Umsetzung zum Glücklichsein kommt. Dein bejahendes Denken macht **die Kraft in Dir** zu einem Magneten, der alles Ersehnte anzieht und umsetzt. Deshalb habe ich eingangs zu diesem Thema ganz klar mit JA beantwortet. Ich sage Dir, viele Entdeckungen im Leben werden sehr oft von Personen gemacht, welche das „Normale“ in Frage gestellt haben. So wurde z. B. lange angenommen, unsere Erde sei flach. Doch erst die Hinterfragung dieser Annahme machte die heutige, moderne Geographie möglich und dies zu unser aller Nutzen. Deine disziplinierte und vor allem zielgerichtete Vorstellungskraft kann ein sehr wirksames Mittel für Dich persönlich sein. Sich etwas vorstellen bedeutet, etwas geistig zu entwerfen, um es in Deinem Unterbewusstsein einzuprägen.

Was nun in Deinem Unterbewusstsein fest verankert ist, wird auf der dreidimensionalen Ebene, in der Form als Funktion, als Erfahrung und Erlebnis, bei Dir zum Ausdruck gebracht und in Deinem neuen Leben integriert. Wenn Du z. B. erfolgreich sein willst, was ich für Dich doch sehr hoffe, musst Du Dich zuerst als schon ganz erfolgreich sehen. Dasselbe gilt für Dich, wenn Du wohlhabend sein willst usw. Deine nun so gesteuerte Vorstellung ist eine der grundlegenden Fähigkeiten von uns Menschen. Mit der Hilfe der Vorstellung kannst Du Deine Ideen ausarbeiten und entwerfen.

So ermöglichst Du dann schrittweise, Deine starken Vorhaben auf Deiner räumlichen Ebene zur Sichtbarkeit zu verhelfen. Ich sage Dir hier, als spirituell wacher und starker Mensch, kennst Du nun die Macht der gesteuerten Vorstellung und der erfolgreichen Umsetzung. Deshalb erlaube Dir, loszulassen, was Dir jetzt persönlich nicht mehr dienlich ist. Habe den starken Mut und die Kraft, neu anzufangen, wenn sich Dein Herz und innere Kraftquelle stark danach sehnen. Dein Unterbewusstsein lehrt Dich, mit der Kraft Deiner positiven Gedanken, Dich neu zu ordnen und zu stärken. So kannst Du Deine Ziele und Deine Wünsche erfolgreich in die Tat umsetzen und erfüllen. Unsere Schwierigkeiten im Leben sind weitgehend auf komplizierten Vorstellungen und großer Unkenntnis unserer wahren Interessen zurückzuführen. Deine große Aufgabe besteht nun darin, die Naturgesetze neu zu entdecken und Dich dankbar nach ihnen zu richten.

Hier helfen Dir klares Denken und moralische Einsicht. Dies sind für Dich Werte von unschätzbarem Wohlstand. **Wie vom Universum vorgesehen, alle Prozesse, wie auch die des Denkens, müssen für Dich auf soliden Grundlagen beruhen.** Je stärker, je genauer, je schärfer Deine Empfindungen, desto präziser, raffinierter sind Deine moralischen Gefühle, je einfühlsamer Deine Intelligenz, desto stärker wird nun Dein neues Urteilsvermögen sein. Deine Kräfte, der Gebrauch und die Möglichkeit eines starken Geistes sind, unter diesen Gesichtspunkten betrachtet, ohnegleichen wundervoller als die auffallenden Errungenschaften oder sogar die Träume vom materiellen Fortschritt.

Deine Gedanken sind kraftvolle, neue, dankbare Energie, denn Deine aktiven Gedanken werden so zu engagierter und dankbarer Stärke. So werden Deine konzentrierten Gedanken für Dich zu gesammelter und mächtiger, neuer und positiver Energie. Ich sage Dir, wenn Deine Gedanken auf ein bestimmtes Ziel konzentriert sind, werden sie für Dich zu neuer Kraft in Deinem besseren und wunderbaren Leben. So entsteht Kraft, die von denen vorausgesetzt wird, welche nicht an die Qualität der Armut oder an die Schönheit der Selbstverleugnung glauben. So erkennst Du, dass dies nur blödes Gerede von Versagern sein kann. Die Fähigkeit, diese neue Kraft in Dir zu empfangen und sichtbar zu machen, hängt von Deiner Fähigkeit ab, die unendliche Energie zu erkennen, die **immer in Dir wohnt und aktuell präsent ist.**

So stellst Du persönlich fest, dass Dein Individuelles auf das Universelle einwirken kann. Dein Ergebnis dieser Aktion und Interaktion sind nun die Ursache und die Wirkung, welche in Deinen neuen Alltag einfließen und sichtbar werden. Deine Gedanken sind also die Ursache und die Erfahrungen, denen Du in Deinem Leben begegnest, sind die Wirkung. Beseitige daher Dir jede mögliche Tendenz, Dich über Dich selbst und über die Umstände zu beklagen, wie sie waren oder wie sie sind.

***

Es liegt in Deinem Leben immer an Dir selbst, Situationen und Umstände zu beenden oder sie so zu gestalten, wie Du sie **NEU** persönlich gerne hättest. Darum richte Deine Bemühungen darauf, Dich der geistigen Ressourcen bewusst zu werden. So stehen sie Dir immer zur Verfügung, aus denen für Dich selbst alle wirkliche und dauerhafte Kraft kommt. Du musst diese neue Erkenntnis für Dich immer wieder üben und anwenden, so dass es für Dich kein Scheitern mehr bei der Erreichung irgendeines Deiner neuen und richtigen Ziele in Deinem Leben geben kann. So verstehst Du nun die Macht Deiner sehr starken, neuen Anziehungskraft und darfst unbeirrt auf Deinem gesteckten Ziel beharren und dabeibleiben bis zur endgültigen Umsetzung. So werden Deine Geisteskräfte immer bereit sein, Deinem zielgerichteten Willen zur Verfügung zu stehen und Dich stets neu zu fördern. In Deinem Bestreben, Deine Gedanken und Wünsche, in Handlungen, Ereignisse und Resultaten zu festigen und in Deinen Alltag einfließen zu lassen, darfst Du dankbar und entspannt entgegenblicken und Dich darüber von ganzem Herzen freuen.

Während am Anfang jeder Lebenssituation und jeder neuen Handlung Dein bewusster Gedanke steht, werden die gewohnheitsmäßigen Handlungen und Inhalte automatisch ablaufen. Schenke Seele, Geist und Körper jeden Tag neu das, was sie brauchen. Sie sprechen zu Dir, die ganze Zeit. Höre in der Stille und der Ruhe genau hin! Jeder Deiner Gedanken, der sie steuert, geht in den Bereich Deines Unterbewusstseins über und bleibt so intelligent wie zuvor. Es ist für Dich immer wichtig, dass solche Handlungen ganz automatisch oder unbewusst werden. Somit kann Dein bewusster Geist sich anderen Dingen widmen.

Deine neuen gedanklichen Inhalte, Deine Handlungen, werden jedoch erst zu Deiner Gewohnheit, dann zum Automatismus und schließlich zu Deinem Unterbewusstsein gelangen. Somit wird Dein wacher Verstand wieder von diesen Details befreit und kann sich anderen Tätigkeiten zuwenden. Wenn Du diese soeben beschriebenen Abläufe erkannt hast, wird Dir eine unversiegbare und sehr dankbare Kraftquelle für immer zu Deiner persönlichen Verfügung stehen. Sie unterstützt Dich nun in jeder Situation in Deinem Leben und Du entwickelst Dich immer mehr zum erstarkten und sehr positiv denkenden Menschen. Die notwendige Beziehung zwischen dem Bewussten und dem Unterbewussten erfordert eine ähnliche Verbindung zwischen Deinen entsprechenden Nervensystemen. Das zentrale Nervensystem ist das Organ Deines bewussten Verstandes. Das Zentrum dieses Nervensystems befindet sich in

Deinem Gehirn. Wir wissen, dass jeder Gedanke vom Gehirn, dem Organ des Bewusstseins, aufgenommen wird. Hier werden Deine Vorhaben Deinem neuen Denkvermögen unterworfen.

Wenn Dein objektiver Verstand sich davon überzeugt hat, dass Dein Gedanke wahr ist, kann er neue Wirklichkeit und zu Deiner wundervollen und dankbaren, starken, neuen Realität werden. Dein Unterbewusstsein kann weder begründen noch argumentieren. Es akzeptiert alles, was Du persönlich als wahr und ehrbar in Deinem Bewusstsein korrekt und mit gutem Glauben verfolgst. Die Summe all Deiner Einstellungen, Erinnerungen, Eindrücke und Motive benötigt die entsprechende Pflege zu Deinem Unterbewusstsein.

Diese Vielzahl der genannten verschiedenen, von Dir in Deinem Unterbewusstsein „gespeicherten" Sammlung muss durch Dich persönlich immer wieder aktiviert und täglich von Neuem gelebt werden. Du weißt ja jetzt schon bestens, dass Du durch Deine positive Denkweise Dein Mindset, also Deine Mentalität änderst. **Alles, was Du in Deinem neuen Leben umsetzen möchtest, beginnt in Deinem Kopf.** Eine starke, positive Mentalität verschafft Dir einen wesentlichen Vorteil in Deinem neuen, wunderbaren Leben. So wirst Du von nun an selbst endlos und ewig Deinem neu erstarkten Herzen gegenüber dankbar und sehr zufrieden sein. Deine sehr gesunden und positiven Gedanken verschaffen Dir ein absolut neues Lebensgefühl mit der nötigen, neuen Gelassenheit und der großen Dankbarkeit. Mit Deinen Gedanken steuerst Du Deinen Energielevel.

Dein Verstand ist sehr genau darauf ausgerichtet, Gedankenmuster zu erkennen und als wahr, als erwiesen, einzustufen. Wenn Du natürlich bewusst Dir selber täglich immer wieder beweisen willst, dass es sehr viel Leid und Schreckliches in Deinem Leben gibt, verstärkst Du selbst Deine Negativität. Genau hier **musst Du selbst** Deinen Fokus neu nur auf Positives ausrichten. So aktivierst und verstärkst Du Deine positive Denkweise, Dein Mindset wird sich zum Guten und viel Besseren in Deinem wunderbaren, neuen Leben wenden. Wie ich Dir bereits schon erwähnt habe, beginnt jeder Tag am Morgen neu. Hier musst Du bereits vorsichtig sein.

So wie Dein Tag beginnt, verläuft meist auch der Rest des Tages. Bist Du bereits am Morgen unter Zeitdruck und fühlst Dich bereits gestresst, wird sich das für Dich persönlich sehr negativ auf Deinen ganzen neuen Tag auswirken? Hingegen, mit einem kraftvollen Start und mit dankbarer Haltung legst Du eine sehr gute Ausgangslage für einen Tag voller positiver Energie. Deshalb, nimm Dir morgens nach Deinem Aufstehen Zeit für etwas, was Dir persönlich Freude macht und Dich auf den anstehenden Tag vorbereitet und Dich stärkt. Dies kann sein, in aller Ruhe frühstücken, ein kleiner, kurzer Spaziergang in der frischen Morgenluft, meditieren, kurz innehalten oder vielleicht ein paar Seiten in Deinem Lieblingsbuch lesen. Ich sage Dir, mit positiven Gedanken in Deinen neuen Tag zu starten ist mehr als Gold wert. Hier ein weiterer, bei mir selbst erprobter, wertvoller Tipp: Beginne bitte und beende auch Deinen Tag **NICHT mit Deinem Smartphone.**

Verbanne es deshalb am besten gleich ganz aus Deinem Schlafzimmer oder schalte es bitte in den Flugmodus. Lasse bei Dir bitte nicht zu, dass die Energie anderer Menschen, ob per Nachricht oder auf Social Media, einen Einfluss darauf haben, wie Du Dein Tag startest oder ihn beendest. Ständige Erreichbarkeit, sowohl beruflich wie privat, ist sehr ungesund. So steht Dein Körper unnötig unter Dauerstress. Dies kann Deine Erholung und Dein Wohlbefinden längerfristig stark beeinflussen. Das benötigt von Dir persönlich nur unnötige Energie und starke Ablenkung. Der stressige Alltag lässt uns oft Begebenheiten, Dinge vergessen, welche wir bereits besitzen und stolz unser nennen.

Du musst daher ab sofort nur das Gute in Deinem Leben sehen, das, was bei Dir bereits vorhanden ist. In unserem Leben fällt uns viel häufiger auf, was uns fehlt und was nicht gut läuft. Sei hier bitte sehr vorsichtig, solche Einstellungen sind mit der Zeit für Dein Selbstwertgefühl und die Achtung vor Dir selbst sehr negativ und einschränkend. Stärke deshalb fortan Dein Wohlbefinden mit allem Positiven in Deinem Leben. So kannst Du Deinen Blick auf Dich selbst verändern und wieder viel glücklicher und noch zufriedener werden. Du brauchst nicht viel zu Deinem Glück, es benötigt nur Deine Aufmerksamkeit. Deine Schwierigkeiten sind weitgehend auf Deine verworrenen, komplizierten Vorstellungen und Unkenntnis Deiner wahren Interessen zurückzuführen. Unsere große Aufgabe in unserem Leben besteht darin, die Naturgesetze zu entdecken, nach denen wir uns richten sollten. Dein klares Denken und Deine moralische Einsicht werden Dir so zu unschätzbarem Wert in Deinem schönen Leben.

Alle Prozesse im Leben, auch die Abläufe des Denkens, müssen auf soliden und stabilen Grundlagen beruhen. Je präziser Deine Empfindungen sind, desto schärfer wird Dein Urteils- und Vorstellungsvermögen sein und Dich stärken. Je größer, erhabener Dein Streben nach innerer Ruhe und Gelassenheit ist, desto intensiver und reiner sind Deine Befriedigungen, **die das da Sein, Dir bringt**. Deine Kräfte, Dein Gebrauch der Möglichkeiten, Deines Geistes, unter den neuen Gesichtspunkten betrachtet, sind unvergleichlich besser und wundervoller als alle extravaganten Errungenschaften oder sogar die Träume vom materiellen Fortschritt.

Deine Gedanken sind neue Energie, Deine aktiven Überlegungen ergeben Dir somit neue und sehr starke, aktive und erneuerbare Lebenskraft. Die Kraft unserer positiven Gedanken kann unsere persönliche innere Apotheke sein. Vorsicht: Unser Gehirn ist leicht zu täuschen. Die Macht Deiner Gedanken ist der Schlüssel dazu. Nehmen wir z. B. den oft verwendeten Placebo-Effekt, diese Scheinbehandlung kann, wie ein echtes Medikament, eine Verbesserung bei Beschwerden bewirken. Positive Vorstellungen stärken und verbessern Deine neue Einstellung. So kannst Du Dein Leben festigen und steigerst dadurch Deine Gesundheit markant und anhaltend. Was heißt das nun für Dich? Vermeide, wann immer Du kannst, negative Gedanken und Gefühle. Du musst Dich täglich auf positive und lebensaufbauende Motive und Gedanken konzentrieren und mit Freude, mehr Glück, starkem Frieden und Dankbarkeit Deinen schönen, neuen Tag genießen.

Sei immer auch achtsam auf neue Dinge und Ereignisse, Du darfst sie dankbar annehmen und sie in Deinem wunderbaren

Leben, in Deinen Alltag einfließen lassen. Du musst mit allem, was Du sagst und täglich erarbeitest, achtsam sein. Sei genauso achtsam, so aufmerksam, mit dem, was Du nicht tust und aussprichst. Damit hast Du festgestellt, dass das Individuelle auf das Universelle einwirken kann.

Deine Gedanken sind also die Ursache und Deine Erfahrungen, denen Du in Deinem prächtigen Leben begegnet bist, sind die Wirkung. Du musst deshalb jede mögliche Tendenz und Entwicklung, Dich über die Umstände zu beklagen, wie sie waren oder wie sie sind, stets reiflich in Ruhe überlegen und selber handeln. Erinnere Dich daran, bei allem, was Du tust, **liegt es nur an DIR**, sie zu beenden und sie so zu gestalten, wie Du sie gerne hättest und in Deinem neuen Leben einfließen lassen möchtest. Richte Deine Bemühungen darauf aus, Deiner geistigen Ressourcen bewusst zu werden. Somit werden sie Dir immer zur Verfügung stehen. Mit dieser geistigen Ausstattung stehen Dir alle wirklichen und sehr dauerhaften Kräfte **in Dir selbst** zur Verfügung. So kannst Du unmöglich scheitern bei der Erreichung Deines richtig gesteckten Ziels in Deinem erneuerten Leben. Somit verstehst Du die Macht Deines Unterbewusstseins, darfst Dich erwartungsvoll auf das Erreichen Deines gesteckten Zieles von ganzem Herzen freuen. Deine neuen Geisteskräfte sind für Dich immer bereit, Deinem Ziel gerichteten Willen zur Verfügung zu stehen.

Die Lösung liegt in Dir: Setze all Dein gläubiges Vertrauen, Deine ganze Zuversicht in die Macht und in die Weisheit Deines Glaubens, der **nur in Dir selbst** ist. Fehlendes Selbstbewusstsein, das Gefühl, nicht wirklich dazuzugehören, nicht qualifiziert, für den Job zu sein oder z. B. abnehmen zu müssen: Wer kennt das nicht? Doch solche starken, negativen Gedanken lähmen Dich nur, also höchste Zeit, Dich von ihnen zu verabschieden!

Sich selbst lieben und akzeptieren, ist Dein Schlüssel zu Deinen neuen, starken Leben. Nimm Dein Glück selbst in die Hand. Verschone Dich persönlich von unnötigen Fragen: Bin ich gut genug? Schaffe ich das? Gehöre ich dazu? Wir alle streben danach, von unserer Umwelt angenommen und voll akzeptiert zu werden. Selbstvertrauen wird niemandem in die Wiege gelegt. Wir können es aber aufbauen und stärken. Aber Du weißt nun schon einiges, wie das absolut bewährte Vorgehen, für Dich ist und Dich zu Deinen von Dir gesteckten Zielen führt. Die Vergangenheit, mit der viele sich nicht ausgesöhnt haben, beeinflusst uns ebenso wie tief verwurzelte Einschränkungen und Vorurteile. Die Vergangenheit existiert so nicht mehr und die Zukunft liegt noch in der Ferne und ist ein Gebilde Deiner Gedanken. Dein jetziges und neues Leben spielt nicht in der Vergangenheit. Dein wunderbares Leben ist nicht morgen. Dein spannendes Leben ist in diesen Augenblick, im gegenwärtigen Moment. Atme tief durch und komme mit Deiner ganzen Aufmerksamkeit ins **HIER und JETZT**.

Atme nochmals tief ein, öffne Dein gutes und starkes Herz. Atme wieder tief, noch etwas tiefer aus, reinige somit Deinen Geist. **Erinnere Dich hiermit daran, dass DU selbst, Du als einzigartiger Mensch ein wichtiger Teil dieser Welt bist!** Atme tief in Dein gesundes Herz hinein und spüre, Dein inneres Gold. Empfinde und spüre Dein helles und warmes Leuchten. Es war schon immer da und es wird immer da sein. Denn Du selbst bist das Licht, das Deine einzigartige Seele zum Strahlen bringt.

Nur im **HIER und JETZT**, in der Wirklichkeit, kannst Du Deine ganze Lebensfreude und Deinen inneren Frieden finden. Du musst somit immer sorgfältig auf Deine Launen, Deine Lebhaftigkeit und Stimmungen achten. Denn zwischen Deiner sichtbaren Welt und Deinen Gefühlen besteht eine warmherzige, innige Verbindung. Alles, was bei Dir beseitigt werden muss, damit der von Dir gefühlsmäßig vorweggenommene Wunsch in Erfüllung geht, wird beseitigt werden, sofern Du persönlich Deinem Vorstellungsbild treu bleibst und daran glaubst. Wenn Du Dich nach innerem, entspanntem Frieden sehnst, halte ganz kurz inne und schließe Deine Augen. Nimm wieder einen bewussten, belebenden Atemzug und öffne das Tor zu Deiner inneren, sehr starken Kraftquelle. Komme nun vom starken Denken ins Fühlen. Komme bewusst in diesen gegenwärtigen Moment. Hier findest Du dankbare Liebe. Nur hier findest Du Deinen ersehnten, entspannenden und glücklichen Frieden. **Genau HIER bist Du zu Hause**.

Daher ist es für Dich immer sehr wichtig, genau festzulegen, was Du selbst willst? Stelle Dir geistig die Details Deines Ziels genau vor. Male Dir eine Einzelszene aus, welche beim Abschluss Deiner Wunscherfüllung wahrscheinlich eintreten wird, und fühle Dich sehr genau darin hinein und genieße diesen Moment. Das Leben ist nun mal so: Bevor es leicht wird, ist meistens alles schwierig. Sicher haben viele Menschen schon zu Dir gesagt: „Das ist doch neu, sehr kompliziert, was Du machst und so alles kannst?"

Dann sagen sie zu Dir: „Das könnte ich sicher nie, unmöglich." Ich hoffe hier für Dich, Du hast Folgendes geantwortet: „Was, das ist doch sehr leicht umzusetzen und zu erreichen, somit auch für mich klar umsetzbar!" Der Grund und das Warum für Dich dazu sind einfach. Du hast Dir genau das Ziel gesetzt und in Deinem Alltag integriert und Wirklichkeit werden lassen. Weil Du nun der bist, der es beherrscht, fällt es für Dich leicht. So ergeht es uns mit allen Dingen in unserem spannenden Leben. Am Anfang erscheinen uns viele Dinge, Sachen, Vorgänge und Abläufe schwierig, weil wir sie noch nicht kennen und noch nicht im Griff haben. Je mehr Du solche neuen Dinge übst, desto einfacher und leichter wird es für Dich werden. Du bist hier auf dieser Erde, um Dein Leben und Dich selbst in allen Facetten und Farben zu genießen und zu zelebrieren. Du wurdest geboren, um Dich selbst optimal zu verwirklichen. **Wer möchtest Du sein?** Lausche in der Stille der Stimme Deines Herzens. Es kennt die richtigen und wahren Antworten auf all Deine Fragen.

Du wirst dies selbst erleben, weil Du dabei die schöne, persönliche Erfahrung machen wirst, dass Du noch ganz andere Herausforderungen anpacken und sehr erfolgreich meistern kannst. Unsere bisherigen Lebenserfahrungen und Verletzungen haben uns geprägt. Menschen fügen anderen aus ihrem eigenen Seelenschmerz oder aus Unwissenheit großes Leid und seelische Verletzungen zu. Vergeben heißt für mich nicht, die Dinge gutzuheißen, sondern loszulassen. Die Dinge sein lassen. Vergib Dir persönlich selbst und so vergib auch anderen. Befreie Dein starkes Herz und finde dankbaren Frieden.

Nähre Dein wunderbares Herz täglich wie eine kleine, zarte Pflanze mit liebevollen Gedanken. Lasse Dein inneres Paradies dadurch vermehrt in seiner vollen Pracht aufblühen. Wir alle leben nicht selten mit zu viel alten Überzeugungen oder nur nach den Vorstellungen anderer und haben dadurch, vermutlich, leider schon wieder vergessen, **wer wir SELBST wirklich sind?** Meditation, also starke Entspannung, lässt uns wieder den Kontakt zu unserer inneren Welt, unserem besten Freund aufnehmen. Meditation bedeutet, die Dinge zu beobachten, genauso sein zu lassen, wie sie sind. Ohne Bewertung und ohne den Wunsch, etwas ändern zu wollen. Dieses wertfreie, starke Annehmen von dem, was ist, schenkt Dir große Gelassenheit und starken und dankbaren, inneren Frieden sowie Harmonie. Diese Stille und Gelassenheit helfen uns, herauszufinden, was und wer uns wirklich erfüllt und von dankbarem Herzen glücklich macht. Es ist eigentlich **nur für Dich persönlich wichtig**, was Du in Deinem Leben ändern möchtest, welche Ziele Du hast. Die Umsetzung darf Dir am Anfang schwer erscheinen, doch Dein Wille und die Dankbarkeit helfen Dir bei Deiner erfolgreichen Umsetzung. Tut es dies für Dich nicht, ist Dein Ziel, Dein Wunsch, Dein Traum, die Herausforderungen, für Dich zu klein.

Wachsen in Deinem Leben kannst Du nur an Vorhaben, welche Dich fordern. Genau diese werden Dich fördern und glücklich und sehr dankbar machen. Alle Lebewesen sehnen sich danach, glücklich zu sein und nicht zu leiden. Ob wir gebildet oder ungebildet, reich oder arm sind, unabhängig von unserer Herkunft, Hautfarbe, Religion oder Sprache usw. Letztlich wünscht sich aber jeder nur **das Beste für sich selbst** in seinem Leben.

Wir alle haben das persönliche Recht, unsere kurz oder langfristigen Wünsche und Träume zu erfüllen und in unsere Realität einfließen zu lassen. Genauso wie auch Du das Recht hast, Dich auf verschiedene Möglichkeiten zu verlassen, welche Dir dazu verhelfen, das ersehnte Ziel und mit ihm verbunden Dein

Glück zu erreichen. In diesem Sinne erscheint es Dir selbstverständlich, dass der Sinn Deines Lebens darin besteht, glücklich, zufrieden und dankbar zu werden. Wir Menschen streben doch danach, die Ethik, die sich mit dem sogenannten, rechten menschlichen Handeln befasst, innerhalb der Menschheit, zu fördern. Also haben wir es hier mit Gewohnheiten, Sitten und Brauchtum, zu tun. Deshalb sage ich Dir, wir sollten uns in unserem Leben bemühen, Glück zu finden und zu fördern, doch das Leiden zu beseitigen. Achte daher immer mit Sorgfalt darauf, welche Ergebnisse Deine Bemühungen für Dich selbst und für andere auslösen und nach sich ziehen.

***

Du bist für Dich der wichtigste Mensch in Deinem Leben. Deshalb sorge jederzeit gut und mit Liebe für Dich. Denn nur wenn Du selbst in Deiner vollen und dankbaren Kraft bist, kannst Du auch mit Deiner gesamten Energie für andere da sein. Es gibt für Dich kurzfristige und länger andauernde Ergebnisse und Auswirkungen. Für Dich ist es deshalb sehr wichtig, die Unterschiede genau zu erkennen und für Dich ehrlich zu entscheiden. Vielleicht willst Du das Gefühl haben, dass Du ein bis jetzt sinnvolles Leben geführt hast? Dies ist absolut korrekt für Dich, Du darfst in Deinem Leben glücklich und zufrieden sein.

Ebenso sollten Dir eine gute Gesundheit und Erfolg bei der Arbeit und Zufriedenheit, Glück und Freude im Privaten zustehen. Alles kommt zur richtigen Zeit, damit Du daraus lernst und daran stark wächst und Dich weiterentwickelst. Diese Zufriedenheit verdienst Du Dir dank Deiner Hilfe, von Deiner inneren Ruhe und Gelassenheit. Zusammen mit dieser Dir immer zur Verfügung stehenden Unterstützung bist Du nun sehr stark, ein Bündnis, eine ewig anhaltende und dankbare Kraftquelle, die nie endet. Nachdem Du für Dich persönlich ein für alle Mal beschlossen hast, dass dies genau das ist, was Du willst, fängst Du an, Dich vor Deinem geistigen Auge gesund zu sehen. So siehst Du auch gleich, dass Dein Vorhaben, Dein Ziel erfolgreich geworden ist, wie Du Dir das bereits auf realistische Weise, vorgestellt hast. Dein bester Zeitpunkt für die Ausgestaltung Deines zentralen Zieles ist z. B. kurz vor Deinem Frühstück und abends kurz vor dem Schlafengehen.

Bedenke hierzu, dass Du Dir genügend Zeit vorsehen solltest, was für Dich nun heißen kann, früher aufzustehen. Dies gelingt Dir am besten, wenn Du ungestört bist. So kannst Du ein paar Augenblicke lang klar denken. Denke somit über die praktische Wirkungsweise und Anwendung, des Gesetzes der starken Visualisierung nach. Stelle Dir hier dann die Frage, wie entstanden all die Dinge um mich herum eigentlich ursprünglich? **Frage Dich im Weitern, wie kann ich mit meiner, starken, unsichtbaren Versorgungsquelle, schneller und nachhaltiger neuen Kontakt aufnehmen?**

***

Hier spielt die Evolution eine zentrale Rolle. Hier ein kleines Beispiel aus der Veränderung der Evolution. Irgendwer war offenbar davon überzeugt, dass es viel bequemer sei, auf einem Stuhl zu sitzen statt auf dem Boden. Somit entstand der Wunsch nach mehr Bequemlichkeit. Im Zuge dieses Wunschbildes, dieses Zieles entstand eine Variante, einer neuen Sitzgelegenheit, der Stuhl genannt wurde. Dieses Beispiel, hier könnte ich noch X-Varianten aufzählen, z. B. Hut, Kleidung usw. soll Dir zeigen und vor Dein geistiges Auge führen, was von einer Idee, Wunsch, Traum, zu einem erfolgreichen Ziel führt und mit Freude umgesetzt werden kann. Dieser Prozess war und für ewig. Dies ist deshalb auch **für Dich selbst, für Dich persönlich, der Ablauf**, **das richtige Vorgehen, zu Deinem neuen und erfolgreichen, wunderbaren Leben.**

Das bedeutet für Dich und verlangt immer von Dir die nötige Geduld, starken Willen zur Sichtbarmachung Deiner gesteckten Ziele. So wirst Du Deine gesetzten Vorhaben mühelos in Deine tägliche Realität umsetzen und einfließen lassen.

Gut ist, dass Du dies für Dich selbst zu einem festen Teil Deiner persönlichen Erfahrung machst. Verankere, festige Dir das als Handlung und präge es ganz fest in Deinem Bewusstsein ein.

Nichts ist im Leben für uns selbstverständlich. Entweder wurde es durch die Natur erschaffen oder von uns Menschen. Deshalb musst Du immer sehr respektvoll und achtsam auf die Natur blicken mit ihren bewährten Gesetzen, und sie täglich dankbar genießen. Achte auf die Natur, hier findest Du Deine neuen Kräfte. Nirgendwo ist es so bunt und farbig, so vielfältig atemberaubend schön wie in und auf einer blühenden Sommerwiese. Wenn Du achtsam auf die Natur schaust, wirst Du auch besser achtsam auf Dein eigenes und dankbares Leben und es in vollen Zügen genießen. So kann Dein Wunschbild, Dein gestecktes Ziel, sich in Deiner neuen, realen Welt ebenso gut verwirklichen, wie unsere lebenswichtige Sonne scheint und uns stärkt. Wer in seinem Leben weniger vergleicht, ist glücklicher und zufriedener. Konzentriere Dich einmal ganz bewusst, auf Deine eigenen Stärken und beobachte, wie Du dabei immer mehr zu Dir und Deinen eigenen Werten findest.

Tatsächlich wirst Du viel zufriedener und glücklicher werden, wenn Du Deine Aufmerksamkeit darauf lenkst, was Du bereits in Deinem guten Leben hast. Gehe achtsam und langsam durch Dein Leben. Schenke auf diesem wunderbaren Weg auch kleinen Merkwürdigkeiten Deine Aufmerksamkeit und Deine dankbare Liebe. Nimm bitte nicht alles für selbstverständlich, schätze Deinen jetzigen Reichtum, würdige, genieße und zelebriere ihn. Denke stets daran: Deine Erfahrungen, Deine Gedanken, Deine Erlebnisse, Deine Taten, Deine Umgebung, Deine Mitmenschen, all das beeinflusst und verändert Dich täglich gemäß Deiner Wahrnehmung.

Viele Menschen glauben, wir nehmen wahr, was wir als „Richtig und Wahr“ erwarten. **Du siehst die Welt nicht so, wie sie eigentlich ist, sondern so wie Du bist.** Akzeptiere in Deinem Leben, dass nicht jeder Deine Gefühle respektieren wird. Finde Deine Stärke, um loszulassen. Verschwende keine Zeit in Deinem kostbaren Leben damit, falschen Freundschaften oder Liebe und Glück nachzutrauern oder darum zu betteln.

Verlasse Dich nicht darauf, dass andere Menschen sich eine starke Meinung von Dir selbst bilden. Triff in Deinem nun neuen Leben immer Deine eigenen Entscheidungen. Solche sinnlosen und kraftzehrenden Kämpfe machen Dich nur unnötig müde und traurig. Ich hoffe sehr für Dich, dass dieses Jahr Dir gehört, so darfst Du Dich nicht ausruhen und einfach warten. Du musst Deine altbekannten Muster, Deine alte Komfortzone verlassen und Dir neue, herausfordernde Dinge aneignen und ausprobieren. Versuche nie so zu sein wie alle anderen.

Du musst Deinen eigenen Weg gehen und mutig sein, keine Kopie von anderen Menschen. Sei immer sehr dankbar für alle Dinge, die Du in diesem Moment hast. Derjenige, der noch an sich glaubt, wie Du, und an die Liebe im Leben, welche von Herzen kommt, kann sein Dasein, sein Leben, dankbar genießen und glücklich werden. **Wenn Du Dein Leben in die eigene Hand nimmst, verleihst Du ihm den richtigen, dankbaren Sinn.** So kannst Du jeden Morgen mit Freude aufstehen, um Dein Leben, trotz all seiner Probleme, neu herauszufordern.

***

Eine Situation ist, wie sie ist. Zu einem Problem wird sie erst dann, wenn Du selbst sie so benennst. Entscheidest Du Dich dazu, das **HIER und Jetzt** liebevoll und dankbar anzunehmen, hast Du kein Problem mehr, welches Dich selbst nur unnötig belastet und kränkt. So bist Du neu, persönlich frei, von jeglichem Widerstand und kannst mit Deinem klaren Kopf wieder selbst frei entscheiden, welchen Schritt Du als Nächstes zu Deinem Ziel auf Deinem Lebensweg gehen möchtest. Es gibt nur einen Weg, um sich emotional zu befreien und glücklich zu sein. Dies ist der Weg Deines Herzens. Mit dieser Einstellung gehörst Du zu denen, die in ihrem neuen Leben gewinnen werden. Höre auch auf Deinen Instinkt, Dein Körper nimmt viele Dinge vor Deinem Verstand wahr. Du hast dies sicher auch schon mehrmals erlebt: Wenn Du bei einer Person oder auch

Situation ein ungutes Gefühl hast, solltest Du Deinem Instinkt vertrauen. Ist aber jemand oder eine Situation etwas für Dich persönlich ganz Besonderes, dann genieße dies von Deinem starken und erfreuten Herzen.

Du darfst aber niemals vergessen, das Feuer Deiner Begeisterung unter Kontrolle zu halten. Der Verstand kann keine Herzen erreichen, wohl aber Deine bedingungslose und sehr dankbare Liebe. Lasse alles los, was Du selbst nicht kontrollieren kannst. Lasse Dich bitte vertrauensvoll von Deinem Leben tragen wie ein schönes, buntes Blatt im Wind. Dein Feuer, Deine Euphorie müssen aber gehegt, gepflegt und überwacht werden, damit es seine Kraft voll entfalten kann. Die Welt gehört Dir, mit Deiner neuen Begeisterung, weil Du jetzt einen kühlen Kopf bewahrst. Dein logisches Denken und überlegtes Handeln verlangen von Dir kühles Blut.

In dieser tiefen Verbundenheit sind es Deine zarten Gesten, Dein Handzeichen, die eine wahrhaftige Bedeutung tragen und Dich stärken. Deine Begeisterung für eine Idee, ein Ziel oder ein Plan, soll eine Anziehungskraft in Dir auslösen, die alle Sorgen und Schwierigkeiten in Deinem neuen Leben auslöschen und für immer verhindern werden. Denke stets daran, wie jede Kraft kann auch unkontrollierte Begeisterung vieles zerstören. Erkenne und wertschätze Deine persönlichen Grenzen. Es ist **DEIN LEBEN** und es ist **DEINE GESUNDHEIT**. Aber da Du nun Deine Grenzen besser kennst, wirst Du mit Deiner erneuerten Begeisterung Deine Vorhaben mit großer Dankbarkeit und Glück in Deinem wunderbaren Leben, umsetzen und in Deinem Alltag festigen und genießen. In unserem Leben geht es nicht um materielle Besitztümer; z. B. ein prächtiges Haus, ein luxuriöses Auto, Dinge mögen Dein Leben bereichern.

Glück

Doch sie allein vermögen niemals die Quelle Deines wahren Glücks zu sein, um Dich zufrieden und dankbar zu machen. **Was in Deinem schönen Leben zählt und Dich zufriedener und zur Ruhe kommen lassen wird, sind die kleinen, liebevollen Aufmerksamkeiten, die Wärme und Zuneigung, welche Deine Zufriedenheit und Gelassenheit massiv stärken werden.** Das gemeinsame Geben, die Toleranz, der aufrichtige Respekt und das tiefgründige Verständnis, die Dir ein Gefühl von Sicherheit und inniger Nähe vermitteln.

Es sind somit genau diese zärtlichen Aspekte, die Dir eine tiefsinnige Verbindung erschaffen. All diese Dinge in Deinem Leben sind von unermesslicher Bedeutung. Ein Schicksal im Leben trennt niemanden ohne einen bestimmten Grund. So wie ein Schicksal zwei Menschen so oft wieder zusammenkommen lässt, bis sie merken, dass nur sie zusammengehören. Manchmal muss man im Leben die Person, welche man liebt, loslassen, um den Menschen zu finden, der einem von ganzem Herzen liebt. Vielmals sind wir so sehr damit beschäftigt, jemanden zu lieben, der Teil unserer Vergangenheit ist, dass wir leider die Möglichkeiten der Zukunft nicht im Blick haben. Ich sage Dir hier, lasse die Vergangenheit gehen. Was gewesen ist, kannst Du nicht mehr ändern. Doch Du kannst Deinen inneren Kompass hier und jetzt neu ausrichten: auf neue Freude, wunderbares Glück und dankbare Liebe. Höre auf, Dir eine bessere oder glücklichere Vergangenheit vorzustellen und zu wünschen. Solange Du nicht jedes einzelne Kapitel, jeder vergangene Lebensabschnitt annimmst, **bist Du und wirst Du nicht frei.**

Erst dann, wenn Du Dich von Deinen inneren Widerständen löst und aus Deinem tiefsten Herzen „**JA**" zu Dir sagst, bist Du bereit, wirklich zu leben. Erst dann **bist DU frei, glücklich und sehr zufrieden**. Ich kann mir hier gut vorstellen, was Du persönlich jetzt gerade denkst? Dies ist leichter gesagt als getan. Aber das heißt nicht, dass es für Dich unmöglich ist. Dazu solltest Du wissen, wie viel man jemandem wert ist, und Dich selbst genug respektieren, um einen anderen Weg einzuschlagen.

Viele Menschen brüsten sich, prahlen heutzutage, mit ihrer ablehnenden Haltung der üblichen Lebensweise gegenüber. Sie wirken verdrossen und matt, und ihre destruktive Geisteshaltung und Annahme und Ausrichtung segeln mit dem Motto ihrer scheinbaren Lösung: Was kümmert mich das? Vielleicht ist dies ein Schutzwall, ein Damm, gegen ein Leben, dem sie sich nicht gewachsen fühlen? Denn ich sage Dir, unser Leben verlangt unseren vollen Einsatz. Dieser Einsatz bringt Dir nicht nur Erfolge, manchmal auch Niederlagen und Rückschläge im Leben. Darum frage Dich persönlich immer wieder, was will ich eigentlich in meinem Leben alles noch erreichen oder festigen? Erneuere Deine Vorhaben, denn unsere Zeit bleibt nicht stehen. Wir alle wünschen uns doch selbst: Gute Gesundheit, Zufriedenheit, einen lieben Partner, der uns versteht, stützt und uns auf unserem Lebensweg stärkt und dementsprechend schätzt.

Ich sage Dir, für Deine persönliche Gesundheit verfolge keine unnötigen und komplizierten Vorgaben und Verhaltensregeln, noch lockende Angebote, die Dir nur sehr viel Geld und Ärger kosten. Deine eigene, innere Überzeugung, Deine starke Lebenskraft, ist **Dein bester Schlüssel und Ratgeber**, zu Deinem Erfolg, zu einer robusten und anhaltenden, guten und starken Gesundheit. Ich kenne Menschen, die ein schweres Leben hinter sich haben, aber dennoch strahlen sie oft eine außergewöhnliche Schönheit aus. In ihren Augen spiegelt sich die Weisheit ihrer Erfahrungen wider.

Ihre Durchhaltekraft, ihr Mut sind inspirierend. Sie haben gelernt, dass das Leben, nicht immer einfach ist. Aber wo Schatten ist, kommt die Sonne. Doch all diese Menschen lassen sich davon nicht entmutigen. Jeden Tag triffst Du mehrere Menschen in Deinem Leben. Darunter, glaube ich, sind Personen, die für uns eine ganz bestimmte, eine besondere Aufgabe in unserem Leben spielen. Der eine oder andere wird Dich ausnutzen oder Dich auf eine harte Probe stellen. Einige werden Dich etwas lehren und andere werden Dich lieben. Doch die Menschen, welche in Deinem Leben wichtig sind, werden **das BESTE in Dir** zum Vorschein bringen. Das sind die seltenen und wunderbaren Menschen, die Dir zeigen, dass Dein Leben lebenswert ist. Ich kenne Menschen, die haben geheiratet, als sie knapp 20 Jahre alt waren, aber dann schon wieder mit 25 Jahren geschieden waren. Dann gibt es Menschen, die ihre große Liebe erst im Alter von über 35 Jahren fanden, zuvor waren sie immer Single. Aber es gibt auch Menschen, die mit 25 schon Millionär sind, und wiederum andere, die erst mit 40 Mutter wurden.

Anhand dieser Beispiele will ich Dir sagen, dass jeder von uns seinen eigenen Rhythmus in seinem persönlichen Leben hat. Somit wird es in unserem Leben deshalb auch für Dich nie zu spät und nie zu früh sein. Das kennst Du sicher auch: Es ist ein schmerzhaftes Gefühl, wenn man spürt, wie man sich innerlich von jemandem distanziert, während dabei das Herz in mehrere Stücke zu zerbrechen scheint. Dies ist meiner Meinung nach ein Strudel, ja sogar ein Wirbel, der uns gefangen hält, obwohl wir genau wissen, dass es uns Schmerzen bereitet. Außerdem ist es eine traurige Erkenntnis, dass wir uns manchmal von Menschen entfernen, die uns nicht guttun, womöglich nur schaden werden. Aber vielmals fesseln, faszinieren uns die Verbindung und das Bedürfnis nach ihrer Nähe. Es entsteht ein innerer Konflikt, welcher uns zerreißt und uns daran erinnert, wie schwer es sein kann, sich von jemandem zu lösen, den man einst so nah bei sich hatte. Solche Situationen, können auch Angst auslösen. Hier kommt es darauf an, wie Du Deine Angst betrachtest, was Du aus ihr machst und aus welchem Blickwinkel Du sie beobachtest und bearbeitest? **Die Angst gehört ebenso, wie Trauer, Freude, Liebe, Hass und Scham zu den Grundgefühlen von uns Menschen.**

Viele Ängste, welche wir empfinden, bei Prüfungen oder Lampenfieber, sind angemessen, solange sie uns motivieren und auf Hochtouren bringen, um die von uns angesteuerte Situation erfolgreich zu bestehen. Dies ist für Dich wirklich das Gute an Deiner Angst. Stelle Dich Deiner Angst, so entwickelst Du Dich persönlich weiter, Du lernst dazu und Du überwindest Deine Grenzen im täglichen Leben. Unzählige Ängste, welche uns vielmals beschäftigen, sind größtenteils erlernt und hängen oft mit Erfahrungen aus der Vergangenheit, meist aus der Kindheit und Jugend, zusammen. Viele Ängste, die unser Leben heute doch am ehesten beeinflussen, sind Ängste vor dem Versagen, vor Ablehnung und Kritik an uns selbst sowie vor eigenem Verlust.

Wir reagieren somit auf solche Ängste mit übertriebenem Streben nach Perfektion, um so zu vermeiden, dass wir versagen oder dass uns jemand, sogar unsere Liebsten, kritisieren? Hier versuchen wir, mit aller Macht vieles und letztendlich fast jeden festzuhalten, anzubinden und abzusichern. Stress und Angst entstehen in Deinem Kopf sowie Frieden und Entspannung natürlich auch. So wollen wir, vermute ich, auf alle Fälle einen Verlust verhindern. Mein Tipp hierzu an Dich: Nimm Deine Ängste kritisch unter die Lupe und entdecke, welche großen Chancen und Möglichkeiten, diese Ängste, Dir für Deine Weiterentwicklung und Neuausrichtung, in Deinem Leben, bieten und bringen werden?

***

Du hast Dich sicher auch schon mehrmals gefragt: Was tut mir eigentlich gut? Oft erleben wir Situationen, in denen wir uns unter Druck fühlen, sogar gereizt, gehetzt, oder wir fühlen uns ohne Kraft, innerlich wie ausgelaugt und leer? Vielleicht sind wir einfach von anderen Personen genervt, sind angespannt, machen irgendwas, wozu wir eigentlich keine Lust haben, und fühlen uns wie ferngesteuert? Da fragst Du Dich sicher, was kann ich dagegen tun? Die Antwort dazu ist eigentlich ganz einfach und macht absolut Sinn: **Tue Dir selbst und anderen GUTES.** Zunächst solltest Du Dir aber selbst klarmachen, dass **Du allein verantwortlich bist, wie es Dir geht und Du Dich fühlst.**

***

Sehr oft bewerten wir selbst Situationen oder Menschen. Durch solche Vorkommnisse ziehen wir uns selbst runter, "entmutigen uns unnötig selbst" Wir können nicht alle Ereignisse in unserem Leben kontrollieren. Du hast jedoch die Kontrolle darüber, was Du persönlich über diese Begebenheiten denkst und fühlst und wie Du mit ihnen umgehen kannst. Das gibt Dir viel neue Freiheit und dementsprechend Verantwortung. Stärke Deine Lebensfreude von Neuem, genieße Dein Leben in vollen Zügen. So wirst Du jeden Tag motiviert, die anstehenden Aufgaben, sowohl im Beruflichen wie im Privaten, mit neuer Energie und Dankbarkeit zu bewältigen. Wer ein hohes Maß an seiner eigenen Lebensfreude besitzt, ruht in sich und ist zugleich voller Energie und starker Lebenskraft. Dies sind ideale Voraussetzungen für Dein neues, persönliches Glück, aber eben auch für Deinen starken, beruflichen Erfolg und großer Dankbarkeit. **Merke Dir, Gleichgültigkeit und Langeweile kannst Du nur durch Deine neue, starke Begeisterung überwinden.**

Am Anfang Deiner Begeisterung, Deiner starken, positiven Gefühlslage stehen zwei Dinge: eine klare Vorstellung dessen, was Du erreichen willst, und ein von Dir wohldurchdachter Plan, wie Du dies erreichen wirst. Hier haben wir somit die Grundelemente Deiner Gefühle und Deiner Begeisterung, nämlich Deinen festen Wunsch, Dein Ziel umzusetzen und zu erreichen. Dein dazu erforderliches Denk- und Urteilsvermögen sowie Deinen inneren Antrieb, der bei Dir mit jeder Gleichgültigkeit und aller Boshaftigkeit, allem Zynismus, aufräumt und Dich wieder frei und froh macht.

Darum habe ich dieses Buch für Suchende im Leben geschrieben. So viele Menschen wissen nicht, was Leben heißt; sie sind und werden teilnahmslos und unglücklich. Viele scheitern am Leben, statt sich in der ständigen Auseinandersetzung damit zu entwickeln. So vielen fehlt der innere und sehr starke Antrieb, der sie in ihrem Leben weiterbringen würde. Wieso das? Weil es ihnen allen an der so wichtigen Begeisterung mangelt. **Echte Begeisterung vollbringt natürlich auch bei Dir, in jedem Bereich Deines Lebens, Unwahrscheinliches, in Deiner Arbeit, Deinen Beziehungen, zur Familie und Freunden, Deiner ganzen Lebenseinstellung.** In all den Jahren habe ich viele Menschen gesehen, welche buchstäblich von Hass, Furcht, und anderen Konfliktformen zerfressen waren und die sich durch ihre neue Begeisterung, welche sich nun wirklich zu Menschen voller Liebe und Güte wandelten. Ich habe vielmals beobachtet, wie niedergeschlagene Menschen alle ihre Angst und Unsicherheit ablegten, sobald sie die Kraft des positiven Denkens und der echten Begeisterung kennengelernt hatten.

Ich kenne auch Personen, die ständig von allerlei Ängsten und Sorgen geplagt waren und die sich in kurzer Zeit zu mutigen, furchtlosen Menschen entwickelt haben. Es gibt noch eine andere Art von Veränderung, vielleicht eine tiefergreifende, umfassendere, welche vor allem, unsere gefühlsbetonten Handlungen stark beeinflusst. Dies ist der Wandel von Antipathie, Zurückhaltung zu Begeisterung, von unbeteiligtem Abseitsstehen zu leidenschaftlicher Anteilnahme. Unsere ganze Persönlichkeit erlebt eine erstaunliche Veränderung, die unser Empfinden verfeinert, die geistige Trägheit vertreibt und eine innere Kraft verleiht, die unsere Begeisterung lebendig werden lässt.

Die meisten Menschen wissen, welch negativen Einfluss Hass, Furcht und Gleichgültigkeit auf unser persönliches Verhalten haben können. Diese Personen scheinen aber leider zu **übersehen, dass es nur an uns selbst liegt**, unser Verhalten im positiven Sinne zu verändern. Diese Menschen argumentieren dann meistens: Natürlich möchte ich sehr gerne ein von Begeisterung erfüllter Mensch sein. Meine Erklärung dazu: Wir haben es in der Hand, eine Begeisterungsfähigkeit zu entwickeln, die nie versiegt, nie zu Ende geht und jedem Druck standhält. Ich habe immer wieder gesehen, dass ein Mensch sozusagen alles aus sich machen kann, vorausgesetzt, dass sein Verlangen, sein Ziel, stark genug ist und er energisch an die Verwirklichung geht und sein Ziel dankbar erreicht.

Das hierzu beste Vorgehen ist, sich zuerst einmal klar zu werden, welche starke Eigenschaften man besitzen möchte, und dieses klar umrissene Bild in seinem Bewusstsein festzuhalten. Dann entwickelt man diese Eigenschaften in kleinen Schritten, indem man so handelt, als ob man sie bereits durch und durch besitzen würde. **Um Großes zu erreichen und zu bewirken, fange heute klein an.** Sei stets geduldig und sanftmütig mit Dir selbst und erfreue Dich an jedem kleinen Schritt in Richtung Deines wunderbaren Zieles. Dabei ist es für Dich sehr wichtig, daran zu glauben und Dir immer wieder zu bestätigen, dass Du im Begriff bist, Deine Persönlichkeit im gewünschten Sinne zu formen und zu stärken.

Nach einer Trennung bist Du gegangen und hast vielleicht einen neuen Menschen gefunden? Ich selbst bin gegangen und nach dieser schwierigen Phase habe ich meinen Fokus, meine Aufmerksamkeit, auf mich gelenkt und meine innere Mitte wieder selbst gefunden. Dies war ein harter Weg, aber es ist mit Abstand das Beste, was mir in meinem Leben passiert ist. Irgendwann in seinem Leben ist man nicht mehr enttäuscht von dem, was jemand anderes tut. Vermutlich ist man eher wegen seiner eigenen Dummheit traurig und frustriert, weil man selbst etwas anderes erwartet hat? Finde in Deinem Leben die Person, der Du alles erzählen kannst, was Dir auf der Seele liegt und Dich bedrückt. Die Person, bei der Du das kannst und Dich für nichts schämen musst, Dich einfach öffnen kannst. Finde auch jemanden, mit dem Du weinen und dem Du jedes Wort glauben kannst.

Solltest Du diese Person gefunden haben, was ich doch sehr für Dich hoffe, lass sie nicht mehr entkommen. Das ist genau das, was Du willst und was Du in Deinem Leben brauchst. Aus meinen Erfahrungen sage ich Dir, gehe bitte, wenn Du nicht mehr geschätzt wirst. Trennungen sind in Ordnung, von vorne anfangen, Streit ist in Ordnung, dies gehört zu unserem Leben. Du verdienst Glück, Freude und Liebe, genauso, wie jedes andere Lebewesen auf dieser Welt.

Was aber für Dich nicht in Ordnung ist, bei einem Menschen zu bleiben, der Dich nicht schätzt und Dich nur unglücklich macht. Ich bin überzeugt, Deine realistische Art hilft Dir gerade heute. Du erkennst genau, welche Ziele realisierbar sind und welche nicht. Statt Wunschträumen nachzuhängen, konzentriere Dich auf das Machbare in Deinem neuen Leben. Starte **jetzt, heute**, um glücklich zu sein. Damit hast Du neu die Möglichkeit, die Gelegenheit, Deine Gewohnheiten und Denkmuster zu überprüfen. Notiere Dir Deine eigenen Gedanken, Ideen und persönliche Aufgabenstellungen.

Nutze so Deine neu geordneten Anschauungen, Vorstellungen und Leitbilder, um aktiv an Deinen persönlichen Fähigkeiten zu arbeiten und Deine neugesteckten Ziele zu erreichen. Die Liebe kann Dein idealer Ausgleich zu Deinem strengen und stressigen Alltag sein. Heute lade ich Dich ein, Dich frisch neu zu verlieben. Sei dies neu mit Deinem Partner, oder „Amor“ schießt mit ultraheißen Pfeilen, zu einer neuen Liebe, für Dich? Einer bestehenden oder neuen Beziehung, frischen Wind geben, dies beflügelt, Dich selbst und macht Deinen Partner sehr glücklich.

Dies bringt allen Beteiligten auch sehr viel Spaß und sehr große Freude. Wer kennt das nicht, je länger wir in einer Beziehung leben, desto eher schleichen sich Routinen, Gewohnheit und Alltagstrott ein. Dies hat sicher auch Vorteile, wenn man sich auf Vertrautes verlassen kann. Es gibt uns Sicherheit und so erspart man sich oft Zeit oder unnötige Diskussionen. **Doch die Kehrseite dieser Medaille ist, dass uns dann vor lauter Routine sehr oft der Kick, der Mut fehlt, Neues auszuprobieren und in unseren Alltag einfließen zu lassen.**

Vielleicht spürst Du oft ein Kribbeln, doch Du traust Dich nicht, diesem zu folgen? Was denkst Du, wenn Du ein frisch verliebtes Paar siehst, wie es sich vor Freude überwältigt in die Arme fällt? Ich kann mir gut vorstellen, was Du jetzt gerade denkst: Obwohl Du auch Dich danach sehnst, Deinen Partner ebenso freundlich und überschwänglich zu begrüßen, schaffst

Du es so mit leider nicht, da Du es ja sonst auch nicht tust. Erinnere Dich an die Zeiten, als Du frisch verliebt warst, vor Aufgeregtheit und guter Laune, sehr schnell, von null auf hundert, ging die Post ab. Wie viel Energie und Lebensfreude hatten wir da? Wie oft und wie lange, wie intensiv haben wir miteinander gesprochen. Wie sehr haben wir uns für diesen Menschen begeistert, haben so viel gelacht, uns Mühe gegeben und hatten tolle Ideen und waren beide sehr kreativ. Wir wissen, dass diese Art von Verliebtsein ein Ausnahmezustand unseres Körpers und unseres Gehirns ist.

Daher verändert das sich eben mit dem Verliebtsein auch im Laufe der Zeit. Dennoch, bedenke: Wäre es nicht wieder wunderbar, mal neu ein kleines bisschen mehr in seinen Partner verliebt zu sein? Ich bin hierzu der Überzeugung, je mehr man in seinem Leben gibt, desto mehr wird man empfangen. Ein reicherer und tieferer Sinn in einer Beziehung entsteht, wenn Du Deinem Partner Gutes, Liebe und Geborgenheit schenkst und ihm mit Dankbarkeit begegnest. Man kann geliebte Menschen nicht oft genug in die Arme nehmen und ihnen dankbar sein.

Ebenso kann man leider nicht häufig genug sagen, ich liebe Dich. Dasselbe gilt es auch mal zu flüstern: „Ich bin so froh, dass Du da und bei mir bist." Lange sagte ich: „Mich interessiert nicht, was die Leute sagen und denken." Doch mit den Jahren meiner gereiften Lebenserfahrung bin ich neugierig geworden, was die Menschen nicht sagen und doch denken. Überall hört und liest man über Hypnose. Dass sie nützen und uns starke Linderung bei Ängsten, Krankheiten, Schmerzen usw. helfen kann, ist wissenschaftlich längst belegt und wird immer häufiger auch in der Medizin eingesetzt. Dennoch gibt es nach wie vor noch viele Vorurteile und Skepsis, also eine differenzierte Betrachtungsweise. Mit einer ruhigen Art und seinem ausgeprägten Menschengespür kann ein diplomierter Hypnosetherapeut seine Mitmenschen, schnell lesen. Das Hypnotisieren ist das Abtauchen in das Unbewusste. Dies zu beherrschen, ist keine Gabe, die man hat oder nicht. Theoretisch kann dies jeder Mensch lernen, genauso, wie es je der Mensch als Therapieform nutzbringend anwenden kann.

Eine solche Therapie braucht das nötige Vertrauen und den eigenen Willen dazu. Ob Du dabei an Hypnose glaubst oder nicht, ist meiner Einschätzung nach Nebensache. Die Fachliteratur legt eine Darstellung eines Menschen vor, der in drei Bereiche eingeteilt ist. Die da sind: das Bewusste, das Unbewusste und das Unterbewusste. Dies sind also die drei Punkte, die unser Handeln und Denken in unserem spannenden Leben prägen. Das Bewusstsein, also Dein Wissen durch Umwelt, Alltag, Schule und Gesellschaft usw. All dies, was Du bewusst wahrnimmst, macht nur lediglich 5 % aus.

Dazu zählen auch Dein Unbewusstes, etwa Dein Körper, der automatisch funktioniert, Deine Atmung oder Dein Herzschlag und Dein Immunsystem. Deine restlichen 95 % Deiner Wahrnehmung sind in Deinem Unterbewusstsein gespeichert. Dies macht Dich zu dem, **was DU in Deinem Leben bist**, und setzt sich aus all Deinen Emotionen und Gewohnheiten zusammen, welche Du in Deinem Lebensweg erlebt hast. Dein Unterbewusstsein ist Dein verlässliches Langzeitgedächtnis. Hier kommt mir spontan ein sehr guter Vergleich aus meiner beruflichen Erfahrung im IT-Umfeld in den Sinn. Somit ist unser Unterbewusstsein mit einem Datenträger zu vergleichen. Diese können auch immer wieder mit Daten beschrieben, gelöscht und für neue Daten verwendet werden. Damit diese Funktion Dir mit Deinem Unterbewusstsein gelingt, musst Du aber von Deinem Bewussten in Dein Unterbewusstes geraten. Dein Unterbewusstsein lehrt Dich, mit der Kraft Deiner positiven Gedanken Dich neu zu ordnen und zu stärken.

So kannst Du Deine Ziele und Deine Wünsche erfolgreich in die Tat umsetzen und erfüllen und in Dein Leben einfließen und fruchtbar werden lassen. Deine kreativen Ideen kannst Du entwickeln mit dem Geheimnis dahinter, dass die Überschneidung zwischen Deinem Bewusstsein und Unterbewusstsein liegt. Dein verlässliches Unterbewusstsein will nur das Beste für Dich. Dadurch hat es auch eine natürliche Schutzfunktion in Deinem neuen Leben. Wir sollten viele schöne und gute Dinge in unserem Leben öfters tun, denn keiner von uns weiß, was morgen sein wird.

Nichts kann Dich in Deinem Leben unglücklicher machen als eine Beziehung, in der Du persönlich keinen Platz hast und in der Du nicht wertgeschätzt wirst. Ich sage Dir, trenne Dich von dieser Person, wenn Du merkst, dass Du nicht bzw. nicht mehr willkommen bist. Dies mag Dir Dein Herz brechen, aber dies ist allemal besser, als auf Lebzeiten unglücklich zu sein. Du aber brauchst jemanden, der sich alle Tage für Dich entscheidet. Dies ist jemand, welcher keine Ausreden sucht oder Versprechen nicht einhält, sondern einhält. **Wir alle benötigen jemanden, der sich für uns einsetzt, anstatt uns dauernd runterzumachen und zu bevormunden**. Dies ist die Person, die mehr gibt, als wir verlangen und sogar mehr gibt, als wir brauchen und benötigen. Du verdienst es, für jemanden die Person zu sein, der Du ihr Herz höherschlagen lässt. Denkst Du auch manchmal an etwas, und das wird dann automatisch immer schlimmer? Verstrickst Du Dich in etwas, obwohl noch nichts passiert ist? Meine Erklärung dazu ist: Wenn Du zu viel nachdenkst, erschaffst und baust Du Dir nur Probleme, die eigentlich gar nicht existieren.

Ich sage Dir hier: **Nichts kann Dich mehr und unnötiger zerstören als Deine eigenen Gedanken.** Lasse somit Deine Gedanken ruhen und die Zeit wird entscheiden. Dauerhafte, stark negative Gedanken können Dich selbst vernichten. Aber das für Dich hier sehr Positive: Dies sind nur Gedanken und jeder Gedanke kann geändert werden. Du musst positiv und ohne Vorurteile auf Menschen zugehen, dann wirst auch Du selbst positive und neue Reaktionen erhalten, welche Dich stärken.

Wenn Du persönlich von vornherein davon ausgehst, dass Du von einer Person enttäuscht werden wirst, dann wird Dich diese Person auch enttäuschen. Wenn wir in unserem Leben fähig sind, den strahlenden Sonnenschein hinter den Wolken zu erkennen und uns nicht über die Wolken zu beklagen, dann finden wir den wahren und sehr dankbaren Weg zur Glückseligkeit. Es ist für uns eine Kunst, eine Herausforderung, die Schönheit und das Licht auch in schwierigsten Zeiten des Lebens zu sehen und nicht in der Dunkelheit zu verharren. Statt uns über die Schwierigkeiten und Hindernisse zu beklagen, sollten wir immer den Blick auf die positiven Aspekte richten, die uns umgeben. Dieses Vorgehen ist für Dich eine starke Haltung der Dankbarkeit und Deines Optimismus, die Dir hilft Dein Glück in jedem Moment, zu jeder Zeit, zu finden, auch wenn es von Wolken bedeckt scheint. Dies ist eine Erinnerung daran, dass wir im Leben die Wahl haben, wie wir mit unseren Herausforderungen umgehen.

Somit haben wir die Macht, unser eigenes Glück zu erschaffen, indem wir uns auf das Gute konzentrieren und das Negative für immer loslassen. Herausfordernde Zeiten gehören ebenso zu Deinem Leben wie schöne Momente der eleganten Harmonie, Leichtigkeit und Freude. Dies sind feste Bestandteile unseres menschlichen Daseins. Ganz egal, wo Du in diesem Moment bist: Erinnere Dich in dankbarer Liebe und sanftem Mitgefühl daran, dass Du mit Deinen neuen Erfahrungen und fragenden Emotionen nicht alleine bist.

Lege für einen entspannten Moment jegliche Aufgaben, Rollen, Sorgen, Probleme und Erinnerungen beiseite und genieße diese Augenblicke voll und ganz. Nimm bewusst wahr, was bleibt. Je mehr Du loslässt, desto näher kommst Du zu Dir, so kommst Du persönlich näher zu **Deinem wahren Selbst.** In solchen Lebensphasen ist es für Dich sehr wichtig, Deine innere Mitte mit Deiner Gelassenheit und der neuen Aufmerksamkeit und Deinem Körperbewusstsein wiederzufinden. Die innere Mitte ist ein Zustand, in dem Du Dich im emotionalen Gleichgewicht befindest und gut fühlst. Hast Du selbst hingegen Deine interne Mitte, Dein Ruhepol verloren, gibst Du Dich z. B. für andere Menschen auf, bist emotional, seelisch abhängig oder in Deinem sehr negativen Gedankenkarussell gefangen. Du kennst sicher auch solche Situationen in Deinem Leben, in denen Deine neue Sinneswahrnehmung steigt, Dein Blutdruck noch dazu. So unter Druck geraten, fühlst Du Dich persönlich schlecht und gestresst.

So verlierst Du Deine innere Mitte und manchmal auch noch ein bisschen Deinen Verstand. Erst wenn Du Deinen Verstand zur Ruhe kommen lässt, kannst Du die Stimme Deines wunderbaren Herzens hören. Lass bitte Deinen momentan, unruhigen Verstand bei Seite, bis er wieder so still und glatt ist wie die Oberfläche eines wunderbar, ruhigen Sees. Je ruhiger Du nun wirst, desto tiefer kannst Du in „DICH hineinblicken und lauschen".

Deine wichtigste Zutat, Dein Bestandteil, um Deine innere Mitte und dankbaren Frieden zu finden, ist **Deine Achtsamkeit.** Bleibe ganz bei **Dir selbst, mit Deiner Aufmerksamkeit**, bei Deinem inneren Zentrum, Deiner sehr starken, inneren Mitte. Es ist wirklich traurig, dass heute so viele Menschen Angst vor der Liebe haben. Ich bin davon fest überzeugt, dass diesen Personen zu oft Unrecht widerfahren ist. Wenn Du selbst jemanden kennenlernst, solltest Du Dich nicht nur für die äußeren Werte interessieren, weil es viel mehr auf die inneren Werte ankommt. Denke stets daran, dass es nicht nur das Aussehen ist, dass Deine Kinder erziehen wird. Hier geht es vor allem um den Charakter. Wenn Dir jemand seine Liebe gesteht, sei dankbar dafür, auch wenn Du nicht das Gleiche empfindest. Denke auch immer daran, dass es viel Mut erfordert, wenn Dir jemand sagt, welche Gefühle er nur für Dich empfindet. Dein größter Erfolg in Deinem Leben besteht nicht darin, möglichst von vielen verschiedenen Menschen begehrt zu werden, sondern auch darin, speziell, **Dich selbst lieben** zu können, auch wenn es leider niemand anderes tut.

Merke Dir, Du kannst nur Liebe geben, wenn Du Dich selbst liebst und mit Dir persönlich zufrieden bist. Die meisten intensiven, seelischen Beziehungen zwischen Menschen verlaufen über das geduldige, sensible und einfühlsame, liebevolle Hören. Im Lauschen, das aus ganz dem Schweigen und der Stille kommt, begegnen sich Menschen in der Liebe. So erfährst Du auch den anderen als Geschenk. Lauschend erschließen sich Dir das Wesen, die Einmaligkeit und das Verstehen eines anderen Menschen in der Tiefe.

Wer nicht mehr einfühlsam ist und lauschen kann, der bleibt einsam in seinem Herzen. Je mehr Du Dich öffnest, desto mehr dringt in Dich ein, macht Dich von Neuem glücklich, frei und froh. Diese Wahrheit gilt für all Deine Lebensbereiche, lässt sich aber mit dem liebevollen Umgang mit den Menschen, besonders gut erkennen. Je mehr Du Dich in Deine Ruhe und Gelassenheit hingibst, mit einem offenen Herzen und einem entspannten Körper, desto tiefer dringen Deine geistigen und heilenden Kräfte in Dich ein. Öffne Dich den heilenden Kräften des Universums und teile und genieße sie mit Deinen Liebsten. So wirst Du frei und mutig. Deine beglückenden Erfahrungen mit anderen teilen, in einer Sprache, welche von Herz zu Herz geht. Wenn sich jeder, nur ein bisschen, einem einzigen Menschen so herzlich und liebevoll zuwenden würde, wären Warte- und Krankenzimmer viel weniger überfüllt. So hätten auch Einsame und vielleicht Depressive alle einen lieben Nächsten, so würden auch die Kosten für die vielfältigen, sozialen Aufgaben erheblich gesenkt werden.

***

Ganzheitliches Wahrnehmen führt zum vollständigen Verstehen. Wenn Du das Verstehen nur rational als Sache Deines Kopfes vollziehen würdest, missachtest Du die besten Gaben in Dir: Einfühlsamkeit, Intuition, Zärtlichkeit und emotionale Zuwendung. Wer seine Verstandes-, Gefühls- und Sinneskräfte nicht zusammenhält, kann nicht **mit sich selbst eins werden** und harmonisch leben. Nur zwischen diesen verlässlichen Kraftquellen muss ständig Strom fließen. Ich bin davon überzeugt, reine Kopfmenschen sind kalt; reine Gefühlsmenschen lebensuntüchtig und reine Sinnesmenschen egoistisch.

Dein Verstehen richtet sich nur auf Dich selbst, aber auch auf andere Menschen, Ereignisse und Dinge in Deinem wunderbaren Leben. Deine Einfühlsamkeit, Deine Intuition, Deine innere Stimme helfen Dir, Dich selbst und andere Menschen besser zu verstehen. Traue Deiner Intuition und lerne die Stille zu lieben. Meine Erfahrungen aus dem täglichen Leben bestätigen mir das immer wieder mehrfach. Du musst nur, das ist sehr wichtig, **Dich selbst verstehen**, und Du wirst so andere Menschen besser verstehen und dankbar akzeptieren. Ich weiß sehr wohl, Selbsterkenntnis ist ein Stück harte Arbeit, und sich selbst auszuhalten fällt uns schwer. Sich selbst zu überwinden, das erfordert von uns allen große Mühe und Überwindung. Aber dies wird sich für Dich lohnen und Dich selbst glücklich und frei machen. Ich kenne viele Menschen, die neigen zum Selbstbetrug. Denn auf der Suche nach sich selbst gelangen sie sehr oft zu erschreckenden, ja zu beängstigenden Ergebnissen.

Sie entdecken bei sich, dass sie nicht gut genug, sondern böse sind, nicht wahrhaftig, sondern verlogen, nicht mutig, sondern feige sind. So leiden viele auch darunter, dass ihre Selbstliebe egoistisch ist und größer als die Liebe zum Nächsten. Wenn Du aber solche harte und für Dich unbequeme Arbeit an Dir selber scheust, Dich distanzierst, entwickelst Du leicht ein Phantasiebild von Dir selbst. Solche Menschen wirken wie schlechte Schauspieler von geringer Qualität.

Deine Arbeit mit Deiner Seele ist zweifellos die für Dich anstrengendste Arbeit. Dies ist für Dich sogar schwerer und anspruchsvoller als harte, körperliche Arbeit. Dazu rate ich Dir das aufbauende, sehr **aufmerksame Gespräch mit Dir selbst.** Ebenso die unaufhörliche und nie endende Suche nach uns persönlich. Das heißt nun für Dich und setzt Deine Bereitschaft voraus, lebenslang Neues zu lernen und in Deinen Alltag einfließen zu lassen. Wenn Du Dich selbst überwindest, gewinnst Du viele andere. Unser Leben gleicht einer Reise durch die sich ständig wandelnde Landschaft. Du musst angesichts des raschen Tempos in Deinem täglichen Leben lebenslang lernen und Dich immer wieder Deinen neuen Herausforderungen stellen und sie festigen. Sei stets geduldig mit Dir selbst. Gehe in Deinem von Dir persönlich gewählten Tempo einen Schritt nach dem anderen. Alles hat seine Zeit, und dort, wo Du jetzt bist, bist Du selbst genau richtig. Habe stets den Mut, ganz Du selbst zu sein. Werde wieder eins mit Dir selbst.

Steige in Dein Unterbewusstsein hinab, erlebe in starker, ganz besonderer Weise das starke Echo Deines Körpergefühls, Deiner Bedürfnisse und Deiner Ängste. So werden, Deine unbewussten und verdrängten Gefühle zu neuem, starkem Leben erweckt. **Beginne somit sofort, jetzt gleich**, Deine neuen Gedanken, in positive Gedanken umzuwandeln. Dies kann möglicherweise am Anfang für Dich schwierig sein, dies so umzusetzen und zu leben. Vielleicht denkst Du jetzt, dies ist natürlich einfach zu sagen respektive zu schreiben. Aber glaube mir, aus meiner eigenen Erfahrung, dies wird auch Dir gelingen und Dich zufriedener, glücklicher, froher und freier machen.

Wenn Du aber immer mehr negative Gedanken denkst, schadest Du Dir nur selbst in Deinem Leben. Sei immer dankbar und schätze, was Du bereits hast, und stehe morgens immer mit einem Lächeln auf. Sehe und genieße die schönen Dinge des Lebens, konzentriere Dich nur darauf und blende bitte alles Negative aus, oder beschäftige Dich nicht lange damit. **Liebe Dich selbst** und Du wirst Dich wie wiedergeboren fühlen und schätzen lernen. So wird sich vieles um Dich herum verändern, es ist somit wie ein Zauber, wenn Du anfängst, positiv zu denken und wieder neu an Dich selbst zu glauben. Vielen Menschen ist sehr wichtig, welche Kleidung und welchen Schmuck, welche Schuhe usw. sie tragen. Dies spielt eigentlich im Leben eine viel zu große Rolle. Doch wichtig ist in Deinem Leben, dass Du freundlich zu Deinem Mitmenschen bist, denn eines Tages werden sie sich nicht mehr an all die Dinge erinnern, die ich oben aufgezählt habe.

Vergiss das bitte nicht in Deinem Leben: Was von Dir in Erinnerung bleiben wird, sind Deine Menschlichkeit und Dein guter Charakter. Doch in unserem Leben ist es für den einen Glück, mehr materielle Güter und Dinge zu besitzen, für den anderen im Lotto oder sonst wo, zu gewinnen. So hat jeder von uns seine eigene Definition, für den einen ist es die Suche nach dem richtigen Partner, für den anderen ist es einfach, ein gutes Buch lesen oder einen schönen Spaziergang im Wald zu unternehmen.

Glück ist daher eine sehr individuelle Angelegenheit in unserem Leben. Es gibt Zeiten, in denen man merkt, dass man sich verändert hat. Dann ist man nicht mehr der gleiche Mensch, der man früher einmal war. Man lacht nicht mehr so wie früher und man spricht auch anders. So sind Dir auch viele Dinge, die Dich früher gestört haben, egal geworden. Darunter sind auch Menschen, ohne die Du nicht leben konntest, nicht mehr da. Das alles, und noch vieles mehr, hat uns somit in unserem Leben sehr verändert. Ich sage Dir, das Seltsamste ist, dass diese verschiedenen Veränderungen leider niemandem auffallen, außer Dir selbst. Ich persönlich finde tiefe Verwunderung für jene Menschen, die ihre Narben mit Würde tragen. Jeder von uns trägt seine Last und seine Wunden und Narben auf der Seele. Doch all unsere bisherigen Erfahrungen existieren längst nicht mehr. Sie sind in der Vergangenheit, dort, wo sie hingehören und ruhen können. Sie mögen vielleicht verloren haben, doch sie geben nicht auf.

Trotz schlechter Erfahrungen bleiben sie freundlich und mitfühlend. Selbst nach Enttäuschungen behalten sie ein offenes Herz. Glaubst Du auch manchmal, es sei alles verloren? Oder dass Du ganz allein bist? Doch ich sage Dir, schau persönlich auf Dich, wieweit Du bereits gekommen bist. Dir sei hier Dank, denn Du hast immer weitergemacht und Du hast nie aufgegeben. Jede schlimme Zeit im Leben geht vorbei und macht uns stark. Merke Dir, wenn Du selbst in Deinem Leben ganz unten bist, kann es zu Deinem Glück nur noch besser werden und aufwärtsgehen.

Sei auch stets dankbar, auch für Deine Wege und Ziele, die nicht immer so verlaufen, wie Du es Dir ersehnt und vorgenommen hast. Gerade deshalb haben sie Dich vielleicht vor größeren Tragödien, Unglück und Leid bewahrt. Oder Dich sogar zu Möglichkeiten geführt, die Dir weit mehr für Dich bereithalten. Vertraue darauf, dass Dein Leben für Dich einen Plan hat, selbst wenn er sich Dir momentan noch nicht offenbart. Die wahre Schönheit in einer Beziehung liegt nicht darin, perfekt zu sein, sondern in Deiner Fähigkeit, das Leben zu genießen und immer wieder in Freude und Lachen auszubrechen. Entscheidend ist nicht, worauf Du blickst, sondern nur, wie Du es anschaust. Erkenne in Deinem wunderbaren Leben, in allem und jedem, das Wunder des Lebens. Sieh bitte alles mit wachsamen Augen, mit Deinen Augen der Liebe. Es geht darum, jemanden zu haben, mit dem man den Rest seines Lebens lachen kann. Erinnere Dich stets daran, dass das Leben zu kurz ist, um es mit der Suche nach der perfekten Beziehung zu verpassen und zu verschwenden.

Eines Tages wird jemand in Dein Leben treten, der Dich liebt, so wie Du bist, er wird Dein Lachen, er wird Deine Stimme lieben sowie Deine Falten auf der Stirn. Solche entstehen ja, wenn wir uns unnötig ärgern. Die von Dir gewünschte Veränderung wird passieren, entspanne Dich und habe Vertrauen darauf. Wenn Du zu viele Fragen in Deinem Kopf hast, dann brauchst Du mal eine Pause. Verstecke Deine Gefühle nie vor Dir selbst, weil Du keine Liebe verspürst, Du bist einfach zu müde dafür. Das Leben und die nicht vorhandene Liebe haben Dir gezeigt, dass Du von anderen nicht wertgeschätzt wirst.

Doch ich sage Dir hier klar, dabei geht es nicht immer um andere, **Du musst selbst mit Dir zufrieden sein**. Mache Dich nie abhängig von anderen, Du selbst musst Dir treu bleiben. Genauso wirst Du die richtigen Personen in Dein schönes Leben ziehen. Vergleiche Dich bitte nicht mit anderen, wenn Du das tust, wirst Du nie zufrieden sein mit dem, was Du schon alles in Deinem Leben erreicht hast. Zeige im Gegensatz öfters mehr Dankbarkeit für all die Dinge, die Du bereits hast. So bist Du näher an Deiner Glückseligkeit, als Du denkst. Vertraue in Deinem Leben darauf, dass es einen Grund gibt, warum Du Dich in dieser Phase, in Deinem Leben befindest. Ich hoffe, bei Dir kommt jetzt zu recht Stolz auf, **denn DU mit DIR selbst** habt dies alles erschaffen und erreicht – Bravo, ich gratuliere Dir von ganzem Herzen zu Deinem Erfolg. Dies ist Dein sicherer Weg zu Deinen Zielen, zu Deiner wunderbaren Lebensgeschichte. Was auch immer für Dich in Deinem Leben wichtig ist, nimm Dir die Sätze zu Herzen, höre zu, nimm sie an. Verstehe, was Dir dieser Lebensabschnitt zu vermitteln versucht.

Du bist so genau da, wo Du sein musst. Vertraue dieser Phase Deines Lebens, sie wird Dich dorthin bringen, wo Du sein musst. Ich möchte Dir hier noch weitere Hinweise, wertvolle Tipps vorstellen, die Dir mehr Lebensfreude, Optimismus und neuen Power geben, und starke Energie in Dir erzeugen. Diese werden Dein Leben von Grund auf verändern und glücklich und frei machen. Ich schreibe hier mit meinen Entwürfen und mit einigen Stichpunkten als Notizen. Deshalb schreibe ich so, wie sich meine Gedankengänge, im Moment gerade ergeben, dies ist genauso wie im realen Leben.

***

Ich hoffe, dass die Inhalte, die ich Dir hier vermittle, dazu beitragen werden, **dass Du Dein Leben zum einem freudvoll genießen kannst, zum weiteren, dass Du großartige Dinge, wunderbare Erfolge und Deine gesteckten Ziele erreichen kannst.** Was ich Dir hier somit mitteile, mit meinen eigenen Erfahrungen, ist, wie sich das in meinem Leben ausgewirkt hat. Alles, was ich in meinem Leben erreicht habe, stammt von bestimmten Dingen, die den Weg zu meinen Erfolgen geebnet haben, z. B. das frühe Aufstehen am Morgen ist wichtig, das gibt mir immer wieder neue und starke Energie und Power und Lebensfreude für den neuen, anstehenden, spannenden Tag. All das kann ich eben so einsetzen, um an meinen Zielen zu arbeiten, und ich genieße auch diese Augenblicke des neuen und wunderbaren Tages. Ich schaue aus dem Fenster, die Sonne scheint bereits, es ist Sommer und so bin ich sofort hellwach. Es ist immer wieder wunderbar, die Stille und die Ruhe des Morgens zu genießen.

Darum lade ich Dich ein, im Heute, in diesem Augenblick – **ganz bewusst, im Hier und Jetzt, zu leben**. Was ich damit meine? Ich gehe davon aus, dass Du dies alles ja auch schon kennst: Der Wecker hat geklingelt und Du liegst noch in Deinem kuscheligen Bett. In Deinen Gedanken wird, so vermute ich, Dein ganzer Tagesablauf durchgespielt und fast ein bisschen geübt. Du sitzt vielleicht schon im Büro, während Dein Körper noch im Bett liegt? Oder Du bist beim Frühstück, während Deine Gedanken bereits auf dem Weg zur Arbeit sind?

Vielleicht denkst Du auch schon an den heutigen Abend, um mit Kollegen, Partner in einer entspannten Atmosphäre gemütliche Stunden zu verbringen? Du bist körperlich im Jetzt, in der Gegenwart, im jetzigen Augenblick, aber Deine Gedanken sind vermutlich auch noch in Deiner Vergangenheit oder schon in Deiner Zukunft? Lebe in Deinen kommenden Tagen einmal ganz bewusst und stark im gegenwärtigen, aktuellen Moment, **im Heute, im Hier und Jetzt.** Genieße voll und ganz diesen Augenblick, welchen Du gerade erlebst. Nimm sehr bewusst wahr, was Du gerade tust. Wenn Du mit Deinem Auto zur Arbeit fährst, konzentriere Dich darauf und sei nicht schon in Gedanken im Büro, bei Deiner Arbeit. Im Übrigen, bei Deiner Mahlzeit bleibe in Deinen Gedanken auch voll und ganz bei Deiner Verpflegung. Genieße und schätze Dein abwechslungsreiches Essen, zelebriere und koste es aus.

Ein weiteres, aktuelles Beispiel: Wenn Du sitzt, dann sitzt Du, bist in Deinen Gedanken nicht schon aufgestanden. Was will ich Dir mit diesen Beispielen sagen? Wichtig für Dich ist, immer im gegenwärtigen Moment, **in Deiner Gegenwart, im jetzigen Augenblick zu sein.** Jeder Deiner Augenblicke, jeder Zustand und jede Deiner Wahrnehmungen sind von unschätzbarem und unendlichem Wert. Beobachte immer sehr vorsichtig, über welchen Unterschied Dein neues und starkes Bewusstsein verfügt und sei stets sehr dankbar dafür.

***

Im Leben geschieht nicht immer alles so, wie wir es uns wünschen. Die Kunst besteht darin, auch in schwierigen Zeiten und Situationen sich neu auszurichten und nie seine Ziele aus den Augen zu verlieren. Denke immer daran, Du bist hier auf Erden, um ein reiches Leben zu führen. Ein Leben voll Glück, Liebe, Gesundheit, Freude und Erfüllung. Es ist Dein dankbares Anrecht und der eigentliche Sinn Deines Daseins. Beginne nun sofort, die Reichtümer Deiner seelisch, geistigen Schatzkammer in Deinem Inneren freizusetzen, **am besten jetzt gleich! Deine wirklichen Reichtümer liegen in Dir selbst**, in Deinem Unterbewusstsein. Doch sehr viele, zu viele Menschen suchen überall, **nur nicht in sich selbst**, nach Erfolg, Reichtum, Glück, Erfüllung und Zufriedenheit. Das Universum, die Schöpfung, ist das Lebensprinzip, die unendliche Weisheit und die grenzenlose Kraft in uns Menschen.

Diese wirkt in uns allen über den Weg unseres Denkens und unserer Vorstellungsinhalte. Ich bin der Meinung, dass Armut eine seelisch-geistige Krankheit ist. Weil der Glauben an Bedürftigkeit Knappheit und Mangel hervorrufen kann. Reichtum und Wohlstand sind für Dich dagegen zunächst vor allem einmal, ebenso wie Mangel, ein Geisteszustand. Glaube daher an ein auf der ganzen Linie reiches Leben und Du wirst dies so erleben.

Somit sollte vor der Beseitigung der Slums und vielen Armenviertel in verschiedenen Städten dieser Welt zuerst die Notwendigkeit stehen, die Bewusstheit und den starken Glauben, an die Notwendigkeit von Mangel und Not, im Geiste der Menschen auszuräumen. Du kannst hier die sehr verschiedenen Schätze Deines Unterbewusstseins anzapfen, indem Du bei Erfüllung, Reichtum und Sicherheit und richtiges Tun dem Universum grenzenlos vertraust. Mache es Dir, sooft wie es Dir möglich ist, zur Gewohnheit, über all diese Wahrheiten zu meditieren und Dein Unterbewusstsein, das Göttliche in Dir, wird entsprechend reagieren und Dich endlos unterstützen. Wenn Du Dich abends vor dem Einschlafen bestens entspannst und geistig und auch gefühlsmäßig die Vorstellung von z. B. Reichtum, Gesundheit und Erfolg so Deinem Unterbewusstsein zuführst, dann aktiviert diese Suggestion diesen starken Gesinnungswechsel, die göttlichen, sehr starken Kräfte in Dir. Diese werden sich so freisetzen und aus ihrem Inneren heraus werden sie schon fast gezwungen sein, in Deinen neuen und wunderbaren Leben Reichtum, Erfolg und Wohlstand sichtbar zum Ausdruck zu bringen.

Die in Deinem Unterbewusstsein innewohnende, unendliche Weisheit kann **nur durch Dich selbst**, für Dich wirksam werden, Dein Denken, Glauben und Fühlen beherrschen, bestimmen, Dein Vorschritt in Deinem prächtigen Leben. Wenn Du in Deinem Leben glaubst, dass die Deinem Unterbewusstsein innewohnende und endlose Weisheit von Natur aus auf Dein Bitten reagiert, wirst Du immer eine Antwort erhalten, sehr oft in ungeahnter Art und Weise.

Deine Gedanken sind schöpferisch und bestimmen im Wesentlichen somit Dein Handeln, Dein Verhalten Dir gegenüber und zu anderen. Deine Gedanken, z. B. an gute Gesundheit, Wohlstand, Glück und Seelenfrieden verwirklichen sich, vorausgesetzt, Du glaubst an das, was Du denkst. Wenn Du dies nicht mit Deiner vollen Überzeugung stärkst, handelst Du so, als würdest Du Säure und Lauge mischen, die sich ja bekanntlich neutralisieren. Halte deshalb konsequent an Deinen positiven Gedanken, starken Zielen fest, denn Deine neuen Gedanken sind enorme und zuverlässige Kräfte. Was immer Du in Deinem wunderbaren Leben denkst, ziehst Du an, **und was immer Du Dir vorstellst, wirst Du**. Achte auch stets darauf, dass Du andere nicht um Wohlstand und Erfolg beneidest. Dein Denken ist schöpferisch und wenn Du gegenüber wohlhabenden oder erfolgreichen Menschen kritisch, eifersüchtig oder sogar neidisch bist, **machst Du Dich selbst** in allen Bereichen **arm, unzufrieden und unglücklich**.

Was Du über andere denkst, das erzeugst Du unweigerlich in Deinem eigenen Leben. Denn der Inhalt Deines Denkens und Glaubens gestaltet Dein schönes Leben. Was Du wirklich als wahr empfindest und wofür Du Dich kraft Deines Glaubens und Deiner Überzeugung entscheidest, das trifft auch ein. Erwarte keine Perfektion von Dir. Tue jeden Tag Dein Bestes, doch erlaube Dir auch einmal mangelhaft, unperfekt zu sein. Dies schenkt Dir Gelassenheit und die nötige Leichtigkeit. Entscheide Dich deshalb daher klug: für Gesundheit, Wohlstand, Glück sowie Sicherheit, Liebe und rechtes Handeln.

***

Glauben bedeutet, etwas als wahr zu akzeptieren. Die Wahrheiten des Universums geben Dir enorme Kraft, wenn Du seelisch und geistig zutiefst von deren Wirklichkeit überzeugt bist. Dazu benötigst Du selbst viel mehr als nur verstandesmäßige oder theoretische Zustimmung. Es bedeutet für Dich, dass Du die Wahrheit dessen, das Du behauptest oder bekräftigst, in Deinem Inneren, intensiv spüren musst. Das heißt für Dich, wahrhaft reich bist Du, wenn Du weißt, dass Dein Denken schöpferisch ist, dass Du anziehst, was Du denkst, fühlst, glaubst, und dass Du zu dem wirst, was Du Dir vorstellst.

Wenn Du Dir erlaubst, persönlich zu wachsen, um eine neue Bewusstseinsebene zu betreten, werden sich mit Dir auch Deine Lebensumstände weiterentwickeln und verbessern. Durch die Änderung Deiner gegenwärtigen, aktuellen Gedanken stellst Du augenblicklich die Weichen für Dein kommendes, zukünftiges Schicksal. Dein Denken ist zu jeder Zeit schöpferisch, denn jeder Deiner Gedanken tendiert dazu, sichtbar zu werden. So wird Dein Unterbewusstsein veranlasst, entsprechend auf seinen Inhalt zu reagieren. Dein Vorstellungsbild von guter Gesundheit, Wohlstand und Erfolg ist daher ein Magnet, der alle Dinge anzieht, die Deinem schönen Vorstellungsbild entsprechen.

Bewältige Deine Probleme und Sorgen nie mit Gewalt. Wenn Du Deinen Körper entspannst, wirst Du sofort feststellen, dass schon nach kurzer Zeit in Deinem Inneren eine friedliche Ruhe und Gelassenheit einkehrt. Die unendliche Weisheit, Deines neuen Unterbewusstseins, das alle Antworten kennt, bringen die Ruhe und Gelassenheit an die Oberfläche, das heißt in Dein Wachbewusstsein. Deine kräftige Energie und Deine starke Lebenskraft sind bestimmt nicht dazu da, an vergangene Kränkungen oder Sorgen und Ängste zu denken. Denke deshalb systematisch und regelmäßig an Harmonie, Schönheit, Liebe, Frieden und Fülle, dann wirst Du eine wunderbare Zukunft in Deinen neuen und schönen Leben haben. Deshalb verdienst Du all dies, Deine Balance, Deine Ausgewogenheit von Arbeit und Vergnügen, mit guten Gewissen, voll zu genießen und zu zelebrieren. Ich glaube, manchmal sind wir alle ein wenig verrückt – oder nicht? Wir arbeiten und mühen uns ab, tage- und nächtelang, und gönnen uns dabei nicht die nötigen Pausen und die Ruhe, welche uns wieder lebenswert machen.

So bleiben sehr oft das Familiäre, unsere Freunde, und vielmals auch das genüssliche Essen leider vergessen. Wir wissen, so hoffe ich doch, dass wir Pausen, eine Unterbrechung oder eine kurze Auszeit verdient hätten. Doch tief in unserem Inneren ist so eine aufdringliche belästigende Stimme, die uns mit Erfolg und siegreich immer wieder ein unangenehmes Gefühl einflüstert. Das kann es ja in unserem schönen Leben, nicht sein – oder?

Bitte vertraue mir, für Dich ist nicht entscheidend, was Du bist, sondern was Du persönlich selbst daraus machst und in Deinen neuen Alltag einfließen lässt. Renne in Deinem geheimnisvollen Leben nicht dauernd dem hinterher, was Du sein möchtest, nur, weil es Dich bei anderen beeindruckt. Analysiere und überprüfe, wer Du selber bist und was Du persönlich gut kannst und gerne tust. Welches Deine absoluten, besonderen Stärken sind. Lasse Dich persönlich beflügeln und **mache für Dich das Beste daraus!** Hier ist es für Dich nun wichtig und richtig, Dein Prinzip Deines Wachstums passend anzuwenden. Denn in Dir selbst ist ein Führungsprinzip beheimatet, welches Dir persönlich zur Erfüllung all Deiner Herzenswünsche verhelfen und Dich bestens unterstützen kann. Dein Wohlstand ist demnach eine gute Geisteshaltung, ein Bewusstseinszustand in dem neuen Glauben an die Schätze des Unendlichen. Denn unsere schöne Welt existierte bereits, als Du geboren wurdest.

Da unserer aller Leben etwas Universelles ist, so ist es unsere Aufgabe, unser Ziel, all dem Ausdruck zu verleihen durch die Entfaltung unserer Fähigkeiten und Talente. Da Du persönlich ja jetzt bestens weißt, wie Du Dein Unterbewusstsein anzapfen kannst, wirst Du wahrhaftig reich an Segnungen wie Seelenfrieden, echter Selbstverwirklichung, sehr gute Gesundheit, Glück und Reichtum in Deinem neuen und wunderbaren, starken Leben erfahren.

Dein Zugang zu dem unendlichen Geist kosmischer Dimension und folgerichtig auch zu Deiner innewohnenden Kraft, welche bewirkt, dass sich Dein Leben wahrhaft angenehm und erfreulich darstellt. Dies alles liegt nur **in Deinem eigenen Denken,** denn Dein Denken ist sehr erfinderisch und schöpferisch zugleich. Beginne deshalb **noch heute, in diesem Augenblick**, regelmäßig und systematisch an Wohlstand, Fülle,

Gesundheit und Erfolg und das Gute in Deinem spannenden Leben zu denken. Wenn Du all dies konsequent und stetig tust, wird Dein neues und erfolgreiches Leben in jeder Beziehung, für Dich selbst glückbringend verlaufen und Dich zufrieden und sehr dankbar machen. Zu Deiner Erinnerung: Für den größten Teil Deiner aktuellen und sehr spannenden **Lebenssituation bist Du selbst verantwortlich**.

***

Wenn diese für Dich noch nicht so sein sollte, wie Du Dir das selbst wünschst, bist nur Du derjenige, der das **ALLES ÄNDERN** kann. Wie bereits gesagt, wenn Du mit Deinen Lebensumständen nicht oder noch nicht zufrieden bist, dann bist Du selbst die einzige Person, die daran etwas verändern kann. Fühle Dich deshalb ab sofort positiver, Du wirst sehen, dies ist für Dich gar nicht so schwer. Wir können nicht alles kontrollieren und beeinflussen, was in unserem aufregenden Leben so alles passiert. Doch glaube mir:

Wir sind für mehr selbst verantwortlich, als wir glauben und wahrhaben wollen. Es liegt immer an uns persönlich, wie wir auf bestimmte Situationen, auf unserer Lebensreise reagieren. Denke stets daran, wie schnell wir uns unnötig ärgern, wie sehr wir an der Vergangenheit festhalten und über andere Personen urteilen. Diese Umstände haben sehr große Entscheidungsmacht, starken Einfluss auf Dein Leben und Deine kommende Zukunft, **die können nur von Dir selbst bestimmt werden.** Bleibe deshalb locker und Du selbst. Nur aus erfüllter Ruhe entspringt ein gutes und gerechtes, erfülltes Leben. Ausschließlich diese Stille und entspannte Gelassenheit geben Dir die nötige neue Kraft. Sowohl erfolgreichen als auch glücklichen Menschen würde es selten in den Sinn kommen, über andere Personen zu urteilen. Die zufriedenen Menschen wissen sehr genau, dass ihre Kraft und Energie ihre wichtigsten eigenen und kraftvollen Quellen in ihrem wunderbaren Leben sind.

Sei immer sehr achtsam, was Du fühlst, dies ist Deine Entscheidung. Hierbei achte auf die großen und starken Segnungen, welche Du täglich in Deinem Leben genießen kannst. Dies können sein: Gesundheit, Freude, Sicherheit, großes Glück und tiefen Seelenfrieden. **In diesem Sinne kann ein neuer Tag für uns einen Neuanfang sein**. Klar ist doch, für uns alle läuft nicht immer vieles so, wie wir es doch so gerne hätten und erleben möchten. So erdulden wir manchmal ein sogenanntes Auf und Ab, diese gehören aber auch zu unserem Leben.

Vertraue mir, wir haben trotzdem viel mehr Macht über unsere Lebensumstände und unsere starken Gedanken, als viele, wenn nicht sogar die meisten von uns ahnen. Sei bitte sehr vorsichtig, nicht jemand anderes legt und pflanzt Gefühle und Empfindungen in Dich hinein. Weder der Nachbar noch Deine liebe Chefin oder Dein untreuer Freund, auch nicht das schlechte Wetter oder die fallenden Aktien usw. **Du selbst bist es, der Deine Gefühle macht** und stärkst. Dies entsteht alles aufgrund und wegen all Deiner Gedanken. Je mehr Du Dich in negative und schädliche Gedanken verstrickst, desto unwohler und schlechter wirst Du Dich fühlen. Ich rate Dir hier in solchen Situationen, Dein Gedankenkarussell selbst zu stoppen und Deinen Fokus, Dein Interesse auf die für Dich passenden und wahren Ziele zu richten und sie schrittweise entsprechend umzusetzen. So werden sich, all Deine negativen und krankhaften Gefühle und Verstimmungen, in Luft auflösen. Vergiss bitte nie, dass jeder von Deinen positiven Gedanken, die Du immer wieder denkst und mit Deiner Kraft und Deiner dankbaren Energie stärkst, wird früher oder später in Deinem neuen und schönen Leben Wirklichkeit.

Universum

Darum geht es im HEUTE, im HIER und JETZT. Verlässlichkeit hat mit Deinem Mut und Deiner Zuversicht und Deinem neuen Vertrauen zu tun. Einige Deiner neuen Ideen und von Dir selbst gesetzten Ziele, wie es in Deinem neuen Leben vielleicht leichter sein könnte, zu verstehen und sie in Deinem, für Dich lohnenden Alltag zu berücksichtigen und wirken zu lassen. Deshalb ist es für Dich jedoch wichtig, erstmal zu prüfen und zu schauen, was war denn schwer für Dich und vielleicht, noch unverständlich.

Um nun die Veränderungen zu verstehen, wie es für Dich leichter gehen kann, damit Du zu einem starken und positiv denkenden Menschen wirst, wende Dich an Deinen inneren Führer und besprich im Vertrauen mit ihm die Sorgen, welche Dich bedrücken und Deine Pläne und gesteckten Ziele und Vorhaben, welche Du ausführen und erfolgreich umsetzen möchtest. Wenn Du dies schrittweise anwendest, wirst Du sicher ganz langsam und zielführend aus einem unsicheren und suchenden Menschen, einem ängstlichen Versager zu einem Riesen, einem neuen Menschen.Widme Dich immer öfter Deinem Gedankengut, um so nicht erneut in eine Negativspirale zu gelangen. Es ist sicher leichter zu sagen respektive zu schreiben, es ist nun mal mit Sicherheit so, nutze all Deine Kraft, Deine innere Stimme und Weisheit, **Deiner guten Gedanken für Dich, und nicht gegen Dich.** Natürlich passiert mir das manchmal auch, dass meine negativen Gedanken und Gefühle überhandnehmen. Da reicht oft ja nur ein Wort, irgendeine kleine Sache, vielleicht eine Geste, und schon wollen die schlechten Gedanken sich wieder in uns ausbreiten. Da müssen wir selbst sehr vorsichtig sein, denn so befinden wir uns in einer verärgerten und lähmenden Stimmung. All dies ist für uns sehr kräfteraubend und ein unnötiger Zeitverlust und reine Zeitverschwendung.

Gerade weil es sehr vielen Menschen schwerfällt, aus dieser drückenden Negativspirale herauszukommen, brauchen wir alle eine bewusste, positive und starke Veränderung in unserem Leben. Du kannst aus jeder Not und Gefahr siegreich hervorgehen und Glück und Erfolg erlangen, soviel Du ersehnst und bejahst. Du kannst ungeahnte Energien in Dir freisetzen und mit ihrer Hilfe Dein Schicksal meistern. **In Dir selbst**, da schlummern alle neuen Kräfte und Möglichkeiten, um gesund, glücklich und erfolgreich zu sein. Besinne Dich auf Deine innere Stärke, durch die Du eins bist mit den Kräften des Universums und des Lebens. Alle Lebewesen, so auch wir Menschen, sehnen uns danach, glücklich, gesund und zufrieden zu sein und nicht zu leiden. Deshalb vergiss bitte nie: **Dein Leben ist in Deiner eigenen Hand und Du darfst es neu und selbst bestimmen.**

Reichtum, Wohlstand, Glück und Seelenfrieden sind wertvolle Ziele, die viele Menschen anstreben. Es ist interessant zu bedenken, dass unsere Gedanken und Entscheidungen einen großen Einfluss darauf haben, ob wir diese Ziele erreichen. In der Psychologie wird oft betont, dass unser Unterbewusstsein eine entscheidende Rolle bei der Gestaltung unseres Lebens spielt. Hier sind einige Überlegungen dazu:

Unsere Gedanken und Überzeugungen beeinflussen unsere Handlungen. Wenn wir uns auf positive Gedanken und Möglichkeiten konzentrieren, können wir eher Reichtum, Wohlstand und Glück anziehen. Unser Selbstbild und unsere Selbstwahrnehmung sind im Unterbewusstsein verankert. Wenn wir uns als erfolgreich und fähig sehen, sind wir eher bereit, die notwendigen Schritte zu unternehmen, um diese Ziele zu erreichen.

Das Unterbewusstsein reagiert stark auf Bilder und Vorstellungen. Wenn wir uns vorstellen, reich zu sein oder ein glückliches Leben zu führen, kann dies dazu beitragen, diese Realität zu manifestieren. Positive Affirmationen können das Unterbewusstsein beeinflussen. Wiederhole positive Sätze wie "Ich bin reich" oder "Ich ziehe Wohlstand an", um Dein Denken zu beeinflussen.

Jede Entscheidung, die wir treffen, hat Auswirkungen auf unser Leben. Wenn wir bewusst Entscheidungen treffen, die uns in Richtung Reichtum, Wohlstand und Glück führen, können wir diese Ziele erreichen. Denke daran, dass es keine Garantie gibt, aber die bewusste Ausrichtung unserer Gedanken und Entscheidungen kann einen großen Unterschied machen.

Deine Geisteshaltung wird geprägt durch das, was Du täglich denkst, was Du glaubst und als wahr empfindest. Erkenne deshalb die vollendete Harmonie des Universums und die Fülle und Schönheit, die Dich auf der Erde umgeben und Dir gratis zur Verfügung stehen und Dich endlos stärken. Was Du Dir bildhaft vorzustellen und geistig als verwirklicht vorwegzunehmen vermagst, dies alles und mehr kannst Du in Deinem wunderbaren Leben auch verwirklichen. Die beglückende Ausrichtung zur Realität, zu Deiner inneren Kraft, Deinem höheren Selbst als auch die Vergegenwärtigung unserer Wünsche, deren Inhalt in unserem Leben nun unfehlbar zur Geltung kommt.

Der Inhalt Deines Denkens gestaltet Dein Leben. Damit Du Deine überlegten Vorhaben und gesteckten Ziele besser und nachhaltiger erreichen kannst, fühle die gute Umsetzung bereits, als ob sie schon Realität geworden sei. So wird es sich für Dich erfüllen, da gibt es gar keinen Zweifel. In diesem Augenblick erfährst Du auch Dein Vertrauen aus dem, der Du bist, aus dem Gutes und Neues in Deinem Leben entstehen und wachsen kann. Alles, was Dein Bewusstsein als wahr erachtet, wird von Deinem Unterbewusstsein, also Deiner sehr nützlichen **Inneren Kraft und Energie**, akzeptiert. Nun beginnt Deine unendliche innere Intelligenz, jene gute und geistige Funktionsweise herzustellen und auszuüben, die aus Deiner betreffenden, neuen, positiven Annahme folgen wird. Diese erstaunliche und unendliche Kraft Deines Geistes wird Dir in Deinem nun erstarkten und neuem Leben durch die Anwendung dieser uralten Weisheiten zu Glück, Reichtum und großer Zufriedenheit verhelfen.

So erreichst Du völlige und restlose Befreiung von Schuldgefühlen und im Gegenzug Wohlstand sowie privaten und beruflichen Erfolg, während Du Dich vorher eingeengt und behindert gesehen hast. Des Weiteren kannst Du dauerhafte Gesundheit erlangen und die Gewissheit, nicht von Rückfällen bedroht zu sein. Dies ist Deine Erkenntnis, wie Deine starke Quelle Deines Glücks zu erschließen ist. Innerer Friede, wo vorher bei Dir Zwiespältigkeit, Unsicherheit geherrscht hatten.

So auch die Erfüllung Deiner Wünsche und Deiner neuen Ziele, welche vorher für Dich unerreichbar erschienen. Neues, privates Glück, nachdem Hass und Ärger Deine Beziehung bedroht und vergiftet haben. Wir alle sehnen und wünschen uns doch Harmonie und Frieden, im häuslichen und beruflichen Leben, welches vorher von Streit und Uneinigkeit geprägt und beherrscht war. Schön für Dich, so bist Du nun auf Deinem richtigen Weg und Deinem gesteckten Ziel, **Dein Schicksal selbst in Dir zu meistern,** näher. Ich sage Dir, es ist unmöglich, eine bestimmte Sache intensiv zu denken und doch ihr Gegenteil zu realisieren, zu verwirklichen und in Dein Leben einfließen zu lassen. So weißt Du nun, dass aufgrund des allgemeinen Gesetzes der Harmonie, ein schöpferisches und glückliches Leben die folgerichtige Art, Deines Denkens sein muss.

Dein innerstes Denken ist Dein Schlüssel zu Deinem neuen und spannenden Leben. Ich sage Dir, so wie wir alle im Herzen denken, so sind wir. So lernen wir, wie die Gesetze des Lebens angewendet werden können. Es gelingt Dir, Dein Bewusstsein und Dein Unterbewusstsein aufeinander abzustimmen und dadurch Gesundheit, großen Wohlstand, Liebe und Harmonie in Dein wunderbares Leben zu bringen und zu festigen. Somit hast auch Du die Fähigkeit, Dein neues Leben gesund, glücklich, sinnvoll und ungewöhnlich, erfolgreich zu gestalten. **Dies alles erreichst Du ganz sicher**, wenn Du die verschiedenen, von mir selbst erprobten und erfolgreich umgesetzten Leitsätze und wertvollen Hinweise in meinem Buch täglich in Deinen Alltag einfließen und wirken lässt.

Dies ist Dein Leitfaden zu Deinem erfüllten Leben. Durch diese einfachen und sehr effektiven Veränderungen in Deiner neuen Denk- und Handlungsweise wirst Du diese in Deinem nun spannenden Leben aufnehmen, anwenden und voll und ganz genießen. Dies alles zeigt Dir, wie Du die Kraft erlangen kannst, die alle Furcht überwindet, Sorgen und Angst vertreibt und Dir den dankbaren Weg zu einem von Grund auf glücklicheren und reicheren Leben öffnet. Genau das ist mein Ziel, mit den verschiedenen, bewährten Anwendungen und sehr wertvollen, von mir selbst erprobten Tipps, in meinem Werk:

DICH SEIN, *verleiht* Flügel,

Dich dem größten aller Ziele zu nähern, einem triumphal gesteigerten und wunderbaren Leben. Unser aller Ziel ist sicher: gesund sein und gesund bleiben sowie ein gesteigertes Lebensgefühl. Du kannst Dich gesund und für immer wohlfühlen, all das und noch vieles mehr, mit der enorm starken Kraft Deines inneren Helfers und mit Deinem nun sehr gestärkten gesunden und dankbaren Glauben: **Dies alles und noch mehr liegt in Deinen eigenen Händen, Dein DASEIN selbst zu gestalten und täglich zu genießen.**

So wird und bleibt Dein spannendes Leben von Gesundheit und starker Kraft erfüllt. Viele Menschen, Frauen wie auch Männer werden sich der Tatsache bewusst, dass ihr Gesundheitszustand weitgehend von ihren Emotionen und Gefühlen abhängt. Ihr Gemüt wird so von ihren täglichen Gedanken und Regungen bestimmt. Ich persönlich kenne eine Person, die schon über 85 Jahre alt ist. Dieser sehr sympathische Mensch macht mir stets den Eindruck eines unbeugsamen Menschen, voll von lebhafter Tatkraft und Begeisterungsfähigkeit.

Sein Gesicht strahlt von Weisheit und großer Lebensfreude. Ich fragte ihn, wie er mit bald 90 Jahren dermaßen vital, so munter und energisch fühlen könne. Er antwortete mir: „All das ist ganz einfach und für jedermann möglich. **Ich weigere mich stets, mir Sorgen und Kummer zu machen oder mich nur schon aufzuregen.** Ich bin immer allen Mitmenschen freundlich und dankbar gesinnt. Ich trage niemandem etwas nach. Ich habe mir selbst und anderen vergeben und ich lebe in Gott und Gott lebt somit in mir. Jeden Morgen bete ich mehrere Minuten zum Herrn, dass seine Kraft, seine Macht und seine Stärke und Freude, Liebe und Schönheit, in all meine Zellen, meines wundervollen Körpers strömen lassen und dass er mich verjüngen und gesund halten möge."

So unterwerfe ich mich ihm ganz und so fließen all seine enorm starken Kräfte durch meine Adern und erfüllen meine Seele. Nach seinen Aussagen ist er bis jetzt in seinen wunderbaren Leben nie krank gewesen. Auch lebe er nicht nach einer bestimmten und komplizierten Diät, sondern er lässt sich alles schmecken und genießt immer, was im Angebot steht. Da stimme ich ihm persönlich voll und ganz zu. Wer seine Mahlzeiten mit Dankbarkeit und Freude zu genießen weiß, erfüllt die Nahrung mit neuer, starker Lebenskraft und immer wieder neuer Energie. Diese Person erinnert mich immer wieder an eine schöne Bibelstelle: „Die aber dem Herrn vertrauen, erneuern ihre Kraft, sie bilden Flügel, den Adlern gleich, sie laufen und werden nicht matt, sie ziehen dahin und ermüden nicht."

Für mich bedeutet dieses Vertrauen, der Seele Ruhe und Frieden zu geben. Zudem ist hier Entspannung, Abstand gewinnen, angesagt und sich auf das Universum, unsere Schöpfung, die Allmacht, einzustellen. Wenn Du Dir ein gutes und starkes Lebensgefühl erschaffen und erhalten willst, was ich für Dich doch nun sehr hoffe, rate ich Dir, Dich immer wieder mit den großen und ewigen Wahrheiten des Lebens zu beschäftigen, welche seit unvergänglichen Zeiten überliefert wurden und auch heute dieselbe Gültigkeit haben. Beschäftige Dich stets hingebungsvoll mit den tiefen und wahren Fragen des Lebens, mit dem Universum und unserer schönen und sehr dankbaren Natur. Darüber hinaus widme Dich irgendeiner sinnvollen Tätigkeit zum Wohl und zum Segen der Menschheit. Gib dieser Aufgabe Deine körperliche und geistige Kraft und Dich wird eine dankbare Begeisterung sehr stark beflügeln. Mir fällt immer wieder auf, **Unzufriedenheit** ist ein Gefühl, was viele Menschen täglich mit sich rumschleppen.

Dass sie selbst dafür verantwortlich sind, ist den meisten aber leider gar nicht bewusst. Es ist eine Ausrede, wenn wir glauben, andere sind an unseren Lebensumständen schuld. Denke Dir niemals einer der folgenden, Dir vermutlich auch sehr bekannten Scheingründe, Entschuldigungen aus: „Ich kann in meinem Leben eben nichts viel besonders gut. Ich bin wohl nicht dazu bestimmt, glücklich und ein erfülltes Leben zu haben. Ich werde niemals einen Job haben, den ich wirklich gerne machen werde. Ich bin arm und dumm geboren. Ich bin eben kein Frühaufsteher? Mir wurden das Glück und der große Reichtum, im Gegensatz zu anderen, nicht in meine Wiege gelegt? Für mich ist all das und noch vieles mehr nun einmal nicht möglich usw." Ich sage Dir, bitte, ja nie verzweifeln. Selbstverantwortung ist Dein Schlüssel, zu Deinem glücklichen Leben. **Wenn Dir etwas in Deinem neuen Leben nicht möglich sein sollte, dann nur, weil Du Dir selbst im Wege stehst.** Weil Du Dir selbst Grenzen setzt. Grenzen, die eigentlich gar nicht existieren, Dich nur unnötig belasten und schwächen. Die Ausgangslage und Voraussetzungen mögen nicht für jede Person gleich ideal sein. In unserem schönen und freien Land jedoch gibt es nichts, was uns zurückhalten und hindern könnte, außer wir selbst.

Wenn Du noch nicht das Leben leben kannst, das Du Dir selbst vorstellst und wünschst, dann liegt es in Deiner eigenen Verantwortung, das zu ändern. Egal in welchem Lebensbereich: Du bist die einzige Person, die Deine Umstände verändern, verbessern und zum definitiv Guten wenden kannst.

Solltest Du Dich in irgendeiner Art und Weise wieder mit Deinem „alten Ich" identifizieren, dann möchte ich Dir mit Deinem starken Willen ans Herz legen: Mache bitte nicht mehr die gleichen Fehler, Deine nun erstarkte Verantwortung abzugeben. Beseitige sofort und energisch sämtliche Ausreden, erfinde keine neuen und belüge dich nicht selbst. Wähle nicht mehr den einfachen Weg, wenn es Dir ernst ist, was ich doch sehr für Dich hoffe, sondern Deine neuen Lebensumstände zu optimieren. Somit und ohne Ausrede und Selbstmitleid mache

Dich, **Hier und Jetzt** an Deine Arbeit und **übernehme für Dich persönlich die volle Selbstverantwortung!** Dies alles wird Dich in Deinem neuen und spannenden Leben sehr belohnen und glücklich, sehr zufrieden und dankbar machen. Unser Mindset, unsere Mentalität, bestimmen unser Leben und unseren Alltag ständig. Dein Denken, Deine Gesinnung und Weltanschauung beeinflussen im Unterbewusstsein Dein Handeln und damit auch Deinen Erfolg maßgeblich und anhaltend. Dein Mindset ist die Brille Deiner Gedanken, durch die Du die Welt siehst. Es ist Deine ganz persönliche Interpretation, Deiner inneren und äußeren Welt. Oft glauben wir, dass die Dinge so sind, wie sie sind. Aber das stimmt meiner Meinung nach nicht. Wir alle sehen die Welt durch eine Art „Brille". Durch diese „Brille" sehen wir ein Leben lang unsere Realität, unser Leben, uns selbst, unsere Probleme und unsere Möglichkeiten. Diese „Brille" beruht auf Erfahrungen und Bewertungen – es ist also unsere Realität.

Es sind Vorstellungen, die wir vielmals auch von anderen erhalten. Dementsprechend solltest Du viel bewusster, genauer, mit Deiner starken Mentalität, also Deinem persönlichen Mindset, sorgfältig umgehen. Gehe also alles in Deinem neu gestärkten Leben dynamischer, lebhafter und schwungvoller an. Lerne Neues kennen, freue Dich auf Wachstum, nehme Kritik dankbar an und sehe neue Herausforderungen immer auch als Chance und traue Dich, diese gewinnbringend einzusetzen.

Du selbst darfst nie aufgeben, sondern versuche immer wieder, Dich zu verbessern, bis Deine Ziele, Deine Vorhaben umgesetzt werden konnten, zeige Dein neues Durchhaltevermögen. Erkenne Deine Schwächen und sei stets bereit, daran intensiv zu arbeiten und sie durch positive und zielbringende Resultate zu ersetzen. **Glaube an Dich, dass Du Dich immer wieder von Neuem weiterentwickeln und in Deinem Leben verändern kannst**. Ich sage Dir, für mich ist ein persönliches, gutes und richtiges Mindset, also meine eigene Mentalität, so wichtig, da es alle Lebenssituationen und Lebensbereiche sehr stark beeinflussen und neu bilden kann. Dadurch bleiben wir in unstabilen Situationen unter Stress z. B. viel ruhiger, zielstrebiger und gelassener. So holen wir alle das Beste aus jeder Situation, jeder Lebenslage und allen Umständen heraus. **So bist Du belastbarer und sehr viel erfolgreicher.**

***

Das richtige Mindset zu erlangen, ist ein längerer Prozess, bedingt durch Deine stete Bereitschaft und Dein Durchhaltevermögen. Einen Marathon oder Triathlon schafft man ja auch nicht von heute auf morgen. Dasselbe ist nötig, dass Du durch ein starkes Mindset und mental belastbarer sein wirst. Nur bestehen die Trainingseinheiten hier, gegenüber dem Marathon, unter anderem aus Selbstreflexion, der Bereitschaft zu lernen und dem Verlassen Deiner Komfortzone. Zuallererst musst Du Dein eigenes starkes Bewusstsein schärfen.

Dann musst Du selbst anfangen, zu erkennen, wann Du Denkmuster hast, die Dir helfen, und wann Du Denkmuster hast, die Dich zurückhalten und Dir schaden. Bei Letzterem spreche ich von sogenannten negativen Barrieren. Der nächste Schritt ist schließlich der, zu hinterfragen, wo die jeweiligen Denkmuster (sowohl positiv als auch negativ) bei Dir persönlich ihren Ursprung haben. Die Königsdisziplin ist danach, Deine Barrieren, Beeinträchtigungen zu bearbeiten und in konstruktive und positive Gedanken, zu verändern und in Deinen Alltag einfließen zu lassen. Am besten kannst Du Dein eigenes Mindset positiv beeinflussen, indem Du an Dich selber glaubst, eine Vision, ein Ziel verfolgst und Dankbarkeit zulässt. Statt Angst und Sorgen vor Deinen neuen Vorhaben, Herausforderungen oder Anstrengungen zu haben, solltest Du diese als **DEINE CHANCE** sehen, Dich weiterzuentwickeln. Nur wenn Du Dich anstrengst und dies immer wieder trainierst, kannst Du aus Deinen Fehlern lernen und Deine Erfolge feiern und genießen. Herausforderungen und Probleme können nur gelöst werden, wenn wir der Realität ins Auge sehen, sie annehmen und akzeptieren.

Manchmal müssen wir auch anerkennen, dass einige Probleme sich nicht lösen lassen. Bleibe deshalb realistisch und gelassen für Neues und Gutes in Deinem Leben. Fokussiere Dich auf das, was Du tun kannst. Konzentriere Dich auf die Frage, wie Du Deine Situation, mit Deinen Mitteln wirksam verbessern und zu Deinem Erfolg führen kannst? Du alleine musst die Verantwortung für Deine Situation übernehmen und reagieren. Es wird niemand kommen, der Dein Leben verbessert.

Entscheide Dich, in diesem Augenblick dazu, das zu tun, was Du selbst ändern willst und Du wirst von Neuem gestärkt, glücklicher und viel zufriedener in Deinem Leben werden. Glaube an Dich selbst und Du wirst ganz sicher gewinnen, glaube mir. Vertraue Deinem Herzen, wertschätze dessen Intuition, wähle die Angst loszulassen und öffne Dich der Wahrheit und Du wirst erwachen zur Freiheit. **Kommunikation** ist **wohl das wichtigste Bindeglied zwischen uns Menschen.** Wir tauschen Informationen aus, welche im Wortwechsel besteht. Kommunikation ist Schöpfung. Hast Du auch schon mal geprüft, wie kommunizierst Du mit Dir selbst? Mit sich selbst reden kann Dir zahlreiche Vorteile bringen. Dadurch erreichst Du persönlich, Deine eigenen Gedanken, zu strukturieren und zu ordnen. Freudige als auch traurige Gedanken kannst Du in Deinem Selbstgespräch besser ausdrücken und einordnen. Dies dient Dir persönlich auch zur Förderung Deiner eigenen Konzentration. So können sich für Dich neue und kreative Lösungsansätze und neue Anschauungen ergeben, auf die man vermutlich ohne den eigenen Dialog niemals gekommen wäre?

Was Du über Dich **persönlich selbst glaubst und denkst, ist Dein Schlüssel zu Deinem neuen und erfolgreichen Leben.** Dein Selbstbild also, das entsteht durch den Einfluss vieler verschiedener Faktoren. Diese können sehr unterschiedlich sein. z. B. das, was andere Leute über Dich sagen. Deine Erfahrungen, aus der Vergangenheit, wie Kindheit, Deine eigene **Selbstwahrnehmung,** Deine großen Erfolge und Niederlagen, Freude und Trauer sowie Liebe und Glück. Du solltest Dein neues Selbstbild, **DEIN ICH**, unbedingt, sofort, dringend ändern, wenn Du in Deinem Leben überwiegend negativ denkst.

Warum ist das für Dich außerordentlich wichtig? Weil Du persönlich mit Deinem negativen und sehr schädlichen Selbstbild, Deiner eigenen Selbstbewertung, niemals glücklich und so erfolgreich sein kannst. Es ist Dein Selbstbild, das wiederum darüber entscheidet, ob Du in Deinem Leben glücklich oder unglücklich bist, ob Du Erfolg hast oder ständig versagst, ob Du beliebt oder unbeliebt bist, usw. Doch ich sage Dir hier, die gute Nachricht: **Dein Selbstbild ist NICHT in Stein gemeißelt und Du persönlich kannst es jederzeit selbst zum Positiven und Dankbaren wenden.**

Du kannst es jederzeit persönlich, mit Deiner starken Kraft von innen ändern und zu Deinem neuen und wunderbaren Leben führen und für alle Zeit festigen! **Du kannst Dich jederzeit selbst entscheiden, wer und wie Du in Deinem Leben sein willst.** Und wann es an der Zeit ist, Dein Selbstbild zu verändern, habe ich Dir ja bereits verraten – Viel Glück! **Dein neues Selbstbild** beeinflusst Dich von nun an, wie selbstbewusst Du durch Dein Leben gehst, wie Du auftrittst und Dich persönlich in Deinem Alltag verhältst.

Dein neues, positives Selbstbild hilft Dir so, erfolgreich zu sein und das Beste aus Dir täglich rauszuholen und in Dankbarkeit zu genießen. Ärgerst Du Dich manchmal, oft? Ich verstehe und kann Dich hören, sicher, jedermann ärgert sich hin und wieder über sehr unterschiedliche Dinge. Ärgere Dich bitte nicht mehr immer wieder über dieselbe Situation. Frage Dich, warum rege ich mich auf? Kannst Du Dir Deine innere Wut nicht erklären? In der Tatsache ist dies oft sehr schwierig, sich selbst zu verstehen, warum uns bestimmte Situationen so sehr ärgern und in uns ein Gefühl von Wut und Angst entstehen lassen.

Wir alle sagen dann immer: **Ich ärgere mich über** ... dies und das. Denke bitte ganz genau über solche Aussagen und Sätze nach? Du wirst sicher nun auch festgestellt haben, dass **nur DU gemeint bist**, weil der Satz ja mit *Ich ärgere mich* beginnt. Ich ärgere mich, heißt also da ganz genau genommen, wir ärgern uns, **DU ärgerst Dich, ganz allein.** Somit haben andere oder äußere Einflüsse und Gegebenheiten überhaupt nichts damit zu tun und sind deshalb auch nicht dafür verantwortlich. Da wir somit tatsächlich die Einzigen sind, welche sich ärgern, dann können wir es auch bleiben lassen. Nun mal ganz ehrlich, mein Freund, haben wir, hast Du selbst schon jemals etwas geändert, weil Du Dich geärgert hast? Ich glaube, nur das Gegenteil ist eingetreten. Wenn Du Dich selbst ärgerst, förderst Du unnötig Magenbeschwerden und andere Unstimmigkeiten und Krankheiten.

So ärgerst Du Dich direkt in einen sehr ungesunden und schädlichen Gesundheitszustand. Die andern, die den Ärger verursacht haben, merken nicht einmal etwas davon. Denke bitte selbst nach, dies ist sicher für Dich nicht gerade dienlich noch effektiv und sicher nicht förderlich – oder? Du kannst also jederzeit selbst die wirkungsvolle und starke **Entscheidung** treffen, Dich ab sofort, heißt ab **HEUTE und JETZT**, nicht mehr, unnötig zu ärgern. Nun also denkst Du hier sicher, wie soll denn das alles umgesetzt werden und möglich sein? Doch es ist viel einfacher, als Du jetzt möglicherweise denkst.

Wir ärgern uns öfters, weil andere nicht so sind, wie wir dies gerne erwarten. Aber Vorsicht, Du möchtest ja nicht so sein, wie andere Dich haben wollen. Ich habe Dir dies schon eingangs in meinem Buch gesagt: **SEI DER, DER DU SEIN WILLST** und **DEINE EIGENE STÄRKE ERKENNEN** und **LEBEN, EGAL WAS ANDERE DENKEN.** Aber was überdies auch sehr wichtig ist, hier geht es nur um den Ärger, den Du empfindest, also nur um Dein negatives Gefühl. Somit geht es nicht darum, alles uninteressiert und gleichgültig hinzunehmen, was der andere macht und sagt und dass Dir alles egal ist.

Dein Denken ist so nicht blockiert und eingeschränkt, sondern lösungsorientiert und handlungsfähig. Deine Erwartungen haben nicht nur Einfluss darauf, wie Du Deine Wirklichkeit siehst, sie beeinflusst Dein Leben selbst. Ich glaube, eine der größeren Entdeckungen meiner Generation ist, dass die Menschen ihr Leben ändern können, indem sie ihre Geisteshaltung, selbst und ohne Druck, erneuern. Was mich auch in unserer Generation verblüfft, ist, wie die moderne Wissenschaft von der Nützlichkeit des positiven Denkens berichtet.

Erfreulich ist zusätzlich, dass diese Wissenschaft sich auch mit der Bedeutung von Humor befasst. Letztlich greift sie natürlich auf die Bibel zurück, wo in den Sprüchen steht: „Ein fröhliches Herz tut gut, wie eine Medizin.“ In diesem Zusammenhang erklären Fachleute, dass Lachen die Produktion, von Glückshormonen, sehr stark fördere, welche in unserem Hirn, Endorphin Stoffe freisetzen. Diese begünstigen nicht nur ein Gefühl der Entspannung und des Wohlbefindens, sondern sie lindern sogar Schmerzempfinden. Unser Leben bietet so viel mehr als nur Kampf, Schmerz und Leid. Du selbst bist so viel größer und stärker, als Du persönlich vielleicht manchmal denkst. Solange Du an altem und ermüdendem Schmerz festhältst, wirst Du nur unnötig und kräftezehrend leiden. Solange Du immer wieder in Deiner Vergangenheit lebst, **kann sich Dein HIER und JETZT nicht verändern**. Loslassen bedeutet hier für Dich, in Dir selbst Raum zu schaffen, für Neues, für wunderbar Positives.

Vertraue Deiner spannenden Lebensreise, vertraue Deinem dankbaren Leben. Es hilft Dir auf Deinem Weg. Gehe stets mutig und zuversichtlich nach vorne, dann wirst Du ungeahnte neue, lehrreiche Wege und große Möglichkeiten entdecken. Öffne Dein dankbares Herz und pflücke sämtliche, wunderbaren Früchte Deines Lebens. Genieße und zelebriere ihren süßen und erfrischenden Geschmack und pflanze täglich neue Samen Deiner unendlichen starken Liebe. Stell Dir dies bitte mal genau vor! Ich selbst bin nicht überrascht, dass eine im Hinblick auf ein besseres und glücklicheres Leben sehr praktikable Methode heute auch ein anerkanntes, wissenschaftliches Prinzip ist.

Denke daran, in der Stille, in diesem Element werden für Dich große Dinge gedeihen und selbst verwirklichen. Kannst Du Dich manchmal auch nur schlecht konzentrieren in unserem sehr lärmigen und stark hektischen Alltag? Laut neusten wissenschaftlichen Erkenntnissen über unser Gehirn ist dies so kaum und nur erschwert möglich. Daher gönne Dir, wann immer möglich, Deine wohlverdiente Stille und Ruhe. Lasse Deinen stressigen und hektischen Alltag hinter Dir. In dieser

Stille, frei und völlig gelassen sein, befreit von allem Stress und Lärm. **So findest Du wieder zu Dir selbst.** Diese Stille, voll und ganz genießen und wieder in Dich hineinhören. Deine innere Stimme wahrnehmen, sehr aufmerksam hinhören und Dich für das Gute und Neue zu öffnen, das ist **DEIN WEG** zur positiven Veränderung in Deinem wunderbaren, neuen Leben. In dieser Ruhe, Deiner entspannten Gelassenheit, kannst Du nun Deinem unendlich weisen Unterbewusstsein zielgerichtet Fragen stellen. Sei bitte stets geduldig, gib ihm genügend Zeit, mögliche, kreative Kombinationen durchzuspielen. So melden sich für Dich große Ideen, Vorhaben und Ziele sehr oft erst mit sanfter Stimme. Deshalb sind Deine Ruhe und Deine Entspannung hier so sehr wichtig.

Wie willst Du dies alles vernehmen, wenn der lärmige Alltag, rundherum alles übertönt und Dich unnötig und stark ärgert? Doch um zu entspannen, lenken sich sehr viele Menschen eher ab, als **still für sich** zu **sein**. Dabei ist es gerade in unserer schnelllebigen Welt wichtig, Momente der Ruhe zu finden und in sich hineinzuhören. Je weniger Du versuchst, jemand Bestimmtes zu sein; je mehr Du Dich, von eventuellen Masken, Zwängen und Erwartungen befreist, **desto mehr findest Du zu Dir selbst.**

Wie wichtig solche Stille-Inseln für Deine mentale Gesundheit und Deine Leistungsfähigkeit sind, ist von unschätzbarem Wert für Dich. Das, worauf Du Dich mit Deiner starken, gesamten Energie ausrichtest, bestimmt in Zukunft Dein wunderbares Leben. Dass sich Lärm negativ auf unseren Stresslevel auswirkt, stark krankmachen und die Leistungsfähigkeit reduzieren kann, ist bereits bekannt. Besonders hochsensible Menschen leiden unter lauten akustischen Reizen und empfinden dadurch eine sehr große Anspannung. In Momenten der Stille kann Dein Körper ohne Ablenkung zur Ruhe kommen und seine Ressourcen, seine neu erstarkten Kräfte, wieder aufladen und Dich somit stärken. Überwinde Dein Massenbewusstsein, also das gesellschaftliche und gemeinsame Bewusstsein.

Dies ist die Gesamtheit des geistigen Lebens, insbesondere das Wissen einer Gesellschaft, in allen seinen Inhalten, Formen, so wie Mythen, verschiedene Religionen, Recht, der Moral, den Wissenschaften, der Kunst sowie auch verschiedenen Ideologien usw. Das gesellschaftliche Bewusstsein wird auch als kollektives Bewusstsein, allgemeines Wertebewusstsein bzw. Massenbewusstsein, dass also eine große Anzahl der gesamten Menschheit betrifft, bezeichnet. Jeden Tag hören wir alle von Kriegen, Grausamkeit, sehr brutalen Verbrechen, lähmendem Hass, Neid, grausamen Morden, verschiedenen Rassenkonflikten und sehr vielen, religiösen Auseinandersetzungen.

Doch hören wir auch, zu unserem großen Glück, von den guten und edlen Menschen, die alle zum Frieden in unserer Welt beitragen. Wir können der Welt und dem Massenbewusstsein nicht entfliehen. Jeder von uns, wir alle, sind ein Teil davon, weil wir auf der subjektiven, persönlichen Ebene alle eins sind und das Meer der Psyche, unseres Gefühlslebens, uns alle stark beeinflusst. Gehe deshalb, also hier und jetzt, davon aus, dass Deine unendliche Intelligenz Dich leitet und dass deren Kraft Dich belebt und stets unterstützt. Somit strahlst Du selbst gegenüber allen Menschen sowohl im beruflichen wie auch im privaten Umfeld große Liebe, dankbaren Frieden und wunderbares Wohlwollen aus. Wünsche ihnen allen nur die besten Dinge, welche das wunderbare Leben uns zu bieten vermag. Deine somit neue und kraftvolle Einstellung garantiert Dir in jeder Hinsicht starken Erfolg, Glück und Seelenfrieden.

Veränderung

Darüber hinaus leistest Du einen sehr guten Beitrag damit, nämlich das Wohlbefinden aller Menschen auf der Erde zu erhöhen und Konflikte zu vermeiden. Das hilft Dir persönlich im Weiteren, die Widrigkeiten dieser verwirrten Welt angenehmer zu gestalten und zu durchqueren, um dann ebenso angenehme wie friedliche Wege einzuschlagen. **Deine inneren Annahmen, Deine Überzeugungen und Gewissheiten beherrschen und steuern stark alle Deine eigenen, äußeren Handlungen und Vorgänge.**

Dein Geist ist die Grundlage von allem; er verleiht dem, was Du persönlich akzeptierst und für wahr erachtest, neues Leben, aufbauenden Inhalt und dankbare Neuausrichtung. Wenn Du selbst wirklich an etwas glaubst, hat das seine Wirkung, ob Du nun darüber nachdenkst oder auch nicht. Das ist für Dich von großer Bedeutung, denn es betrifft uns alle und zeigt, dass jede im Unterbewusstsein eingelagerte, gespeicherte Botschaft Dich beherrscht, prägt und leitet. Anders gesagt, Deine unterbewussten Vorstellungen und Vorhaben, Annahmen und Überzeugungen diktieren und kontrollieren all Deine bewussten Handlungen, ob Du daran denkst oder nicht. Es ist egal, welche positiven oder (hoffe nicht bei Dir) negativen Informationen **DU** Deinem Unterbewusstsein einprägst, sie werden immer im Spiegel des Raumes, also in Deiner realen und wirklichen Welt, erscheinen.

Deine üblichen Denkinhalte werden vom Unterbewusstsein allmählich aufgenommen und aufgezeichnet. Dort verwandeln sie sich in unerschütterliche Ansichten, welche gleichsam Gesetzeskraft haben und selbstständig ihre Wirkung entfalten werden. Also merke Dir hier bitte für immer: Alles, was Dein Bewusstsein als wahr erachtet, wird von Deinem unendlich kraftvollen Unterbewusstsein akzeptiert; sodann beginnt dessen endlose Intelligenz jene geistige Funktionsweise herzustellen und auszuüben, die aus Deiner persönlichen Annahme erfolgt.

Vergiss bitte nie: Das Universum in Bezug auf Deine Person, auf Dich selbst, stellt die Absicht des Lebensprinzips dar, das unaufhörlich danach strebt, sich als Liebe, Schönheit, Freude, Harmonie und noch größere Lebensfülle erkennen zu geben. Das Universum, oder wie Du willst, Gottes Wille, ist ebenso wunderbar wie beglückend, insofern er sicher noch Deine kühnsten Träume übertrifft. Das Universum ist absoluter Friede und kann Dir sicher kein Leid wünschen. Es ist grenzenlose Freude und kann bei Dir keinen Kummer oder Sorgen auslösen oder herstellen. Das Universum ist unbedingte Liebe und kann nichts Liebloses erzeugen. Es ist die Ganzheit, Schönheit und Vollkommenheit und kann keine Krankheit im Sinne haben. Das Universum ist das Gleiche in Vergangenheit, Gegenwart und Zukunft. Mit ihm bringst Du mehr Erfolg, Glück und Erfüllung in Dein spannendes Leben. Ein wichtiges Wort, mit dem Du in Deinem Leben das bekommst, was Du wirklich willst, ist das Wort **ICH.** Dies ist Dein Selbst, dessen man sich ganz bewusst ist und mit dem Du Dich von den anderen unterscheidest.

Des Weiteren, das nächste Wort ist das BIN. Wie wir wissen, dies ist die grammatische Form von **SEIN.** Wir alle verwenden in unserem täglichen Leben sehr oft: ICH BIN Sätze. Mit ihnen drücken wir aus, mit was und wem wir uns identifizieren. z. B. ICH BIN glücklich – ICH BIN traurig. Du fühlst Dich glücklich oder traurig und sagst dann den entsprechenden Satz. Ein weiteres und wichtiges Wort ist das Selbstbild. Um uns persönlich korrekt einzuschätzen, benötigen wir alle eine Eigenbewertung, also ein **SELBSTBILD**.

Wir Menschen besitzen Bilder von unserer Umgebung, nennen wir dies Weltbild, im Weiteren Bilder von unserer eigenen Person, also das Selbstbild. Vielleicht bist Du aktuell an einem Punkt in Deinem Leben angelangt, an dem Du sagst, wie es momentan läuft, bist Du irgendwie nicht zufrieden? Du wünschst Dir was anderes, irgendwo mehr Erfüllung, Erfolg, Glück und mehr Veränderung. Dies in verschiedenen Lebensbereichen.

Es ist in unserem Leben immer einfacher und bequemer, Gründe zu finden, warum wir NICHT können; warum etwas gerade nicht möglich ist. Doch ich sage Dir hier ganz klar und deutlich: Veränderungen in Deinem neuen Leben kann es für Dich nur geben, wenn Du Deine negativen Einstellungen mit all Deinen fraghaften Ausreden beiseitelässt und endlich ein positiv denkender und dankbarer Mensch wirst.

Niemand hat gesagt, dass der Lebensweg immer einfach sein wird. Doch wenn wir ihn mutig, dankbar und geduldig weitergehen, wartet etwas Wunderbares auf uns, das erfahren und gesehen werden möchte. Aber diese Veränderung, diese Neuausrichtung findet gerade irgendwie einfach nicht statt. **Darum sind Deine Eigenbewertung, Deine persönliche Einschätzung, Dein Selbstbild, von sehr großer Bedeutung.** Dazu gibt es mehrere Gründe, aber einer scheint mir persönlich sehr wichtig. Nämlich der folgende:

DAS LEBEN GIBT DIR NICHT DAS, WAS DU WIRKLICH WILLST, ES GIBT DIR DAS, WAS DU BIST!

Wie Du nun in diese Transformation, in Deine neue, gewünschte Veränderung kommst und was Du genau dafür brauchst, um diesen Wandel, diese Modifikation zu realisieren, werde ich Dir in den folgenden Sätzen Schritt für Schritt erläutern und genau erklären. Mögliche Schritte Deiner Veränderung:

Wo wünschst Du Dir aktuell eine Veränderung in Deinem Leben?

Welches Selbstbild fehlt Dir dazu in diesem Moment?

Wie kommunizierst Du innerlich mit Deinen eigenen Gedanken?

Höre auf Deine innere, sehr hilfreiche, starke Stimme?

Wie kommunizierst Du täglich mit Dir selbst und mit Deinen lieben Mitmenschen?

Weißt Du, was Du kannst, was Du willst und wie Du dies alles erreichen kannst?

Formuliere Deine Vorhaben, Deine Ziele, Deine gesteckten Ziele in einen: **ICH BIN SATZ.**

Z. B.: Ich bin unabhängig von der Meinung anderer! Ich bin dankbar für mein Leben, welches mich mit allem in höchster Form verbindet. Ich bin, wie ich bin, ein göttliches Kind und schöpfe zu jeder Zeit aus der höchsten Quelle meines Seins.

Ich finde neue Gedanken, die ich mit mir selbst kommuniziere und dann meinem Unterbewusstsein übergebe. Ich bin vollkommen und zufrieden im steten Gleichgewicht meines Körpers, meines Geistes, meiner Seele und bin dafür dem Universum für alles sehr dankbar.

Da nun Deine Fragen und Aussagen gebündelt und für Dich geklärt hast, kann Dein positives Denken und Handeln beginnen. Nimm Dir die folgenden Worte zu Herzen und setze sie dementsprechend um. Bestätige für Dich und sage Dir täglich: Das ICH BIN in meinem Innern ist die Gegenwart des Universums, Bewusstsein, reines starkes Sein, lebendiger Geist, Schöpfer aller sichtbaren und unsichtbaren Dinge im Leben. Ich bin am richtigen Ort, zur richtigen Zeit und tue das Richtige. Wenn Du ja sagst zu Deinem Leben, sagt Dein neues Leben ja zu Dir. Die Liebe fließt durch Deinen Körper und macht bei Dir somit alles Unwohlsein weg. Deine Bedürfnisse und Wünsche werden erfüllt, noch bevor Du überhaupt darum bittest.

Wohlbefinden soll immer der natürliche Zustand Deines Körpers sein. Ich sage Dir, Du bist gut genug, genau richtig, so wie Du bist. Entscheide Dich dafür, den Rest Deines schönen Lebens zum besten Deines dankbaren Lebens zu machen. Du verdienst nur das Allerbeste, nimm es stetig und jetzt dankbar an. Ändere Deine Gedanken, somit werden sich auch die Menschen in Deinem Umfeld ändern. So unterstützt Dich Dein Leben auf eine Weise, wie Du es in Deinen kühnsten Träumen nicht vorstellen kannst. Deine Vergangenheit ist vorbei. **Im Hier und Jetzt wird nur Gutes zu Dir kommen.** Die Tatsache, das Universum ist Dir immer gegenwärtig und stets bereit, Dir beizustehen, das will es immer. Nur nützt es Dir nichts, solange Du Dir von ihm nicht helfen lassen willst. Mache Dir immer bewusst, dass Deine innere, nie endende Kraft und Energie mit Frieden, Deine Seele erfüllt und in Dein Herz dringt. Du musst nicht länger Deine wertvolle, mentale und spirituelle Energie vergeuden, die äußeren Zustände zu kritisieren und zu attackieren. Setze Dich vielmehr konstruktiv ein, erschaffe für Dich persönlich gesunde und beglückende Bedingungen und für alle anderen Personen um Dich. Wie ich Dir schon gesagt habe, denke immer daran: **Du bist hier, um zu gedeihen und Dich weiterzuentwickeln.** Wenn Du jedoch nicht zulässt, dass das alles umfassende Lebensprinzip Deine schönen, höheren Bewusstseinsebenen durchdringt, hat dies wohl keine andere Möglichkeit, als irgendwelche stark negativen Erfahrungen, wie Krankheit oder sonstige Probleme, heraufzubeschwören.

Diese können Dich dann aus Deiner Bequemlichkeit reißen und Dich zwingen, die entsprechende Lösung zu finden. Auf solche Weise entdeckst Du Dich schließlich selbst. Du musst einsehen, dass das Universum die Lösung für jedes Problem kennt, gehe in Dich und fordere mutig Deinen Anteil am Guten, indem Du auf Harmonie, Gesundheit und Fülle bestehst. **Trenne Dich von alten Denkmustern.** Weise bitte sofort alle düsteren, schlechten Vorhersagen und böse Lügen zurück.

Erwarte das Beste und das Höchste, dann wird es Dir auch zukommen. Lerne immer mit dem Lob Gottes auf den Lippen, durchs Leben zu gehen. Finde Deinen inneren Frieden, der jedes Verstehen übersteigt. Eben deshalb ist jeder Mensch sein eigener Retter. Die Wahrheit legt Dir nahe, Dich von sämtlichen Überzeugungen freizumachen, die Dir Angst einflößen könnten. Der genannte Friede bedeutet nicht, dass Du resignieren, verzichten und Dich mit einem Problem oder scheinbar fatalen, verhängnisvollen Zustand einfach abfinden musst. Sondern dass Du Deine falschen Ansichten aufgibst und Dich hartnäckig weigerst, das bestehende Problem, Ärgernis, weiter zu ertragen. Vergiss bitte nicht, die tiefen Lebenswahrheiten sind unvereinbar mit allen überholten Vorstellungen, Meinungen und religiösen Überzeugungen, die Du bisher in Dir getragen hast.

Jeder Mensch möchte Erfolg haben. Du bist geboren, um Dich zu entwickeln, zu siegen und ein triumphales Leben zu führen. Du solltest in Deinen Zielen ebenso wunderbare Erfolge feiern wie in der von Dir selbst gewählten Arbeit. So auch in Deinen zwischenmenschlichen Beziehungen und in allen anderen Lebensbereichen. Dein Erfolg selbst ist ein starker Anreiz, denn das Lebensprinzip in Deinem Inneren sucht durch Dich stets nach Ausdruck auf höheren Ebenen. Du bist erfolgreich, wenn Du ein erfülltes und glückliches Leben führst, wenn Du Dich in optimaler Weise verwirklichst und mit Deinen Begabungen zum Wohle der ganzen Menschheit beiträgst.

Der erfolgreiche Mensch ist nicht bloß eine Art Partisan, also Freiheitskämpfer, in ganz eigener Sache, sondern ein echter, der Wahrheit verpflichteter Mensch. Wer sich am Geistigen und Spirituellen ehrlich orientiert, versucht nicht, die anderen zu bekehren, sondern mit ihnen eng zusammenzuarbeiten. Das Geheimnis des echten, nach Wahrheit suchenden Menschen liegt darin, dass er den Eingebungen seines höheren Selbst treu bleibt. Die unendliche Gegenwart in jedem Menschen bietet uns allen die Möglichkeit zum Erfolg und wir sind hier auf unserer schönen Welt, um einen Sieg nach dem anderen zu erlangen und zu genießen. Die Schlüsselfrage erfolgreicher Menschen ist ein Leben lang, **was kann ich selbst heute, jetzt tun, um in Richtung meiner gesteckten Ziele zu schreiten?** Ich sage Dir, gehe täglich vertrauensvoll einen Schritt, auch wenn es nur ein kleiner ist, weiter in Richtung Deiner sehr motivierenden und energiegeladenen Träume, Wünsche und Ziele. Mein lieber Freund, Du wirst sehen, bereits nach kurzer Zeit wachsen in Dir eine so erwartungsvolle, spannungsgeladene und sehr starke Kraft und neuer Mut. So kannst Du es kaum erwarten, Deinen nächsten Erfolgsschritt zu planen und erfolgreich umzusetzen und dankbar im Alltag zu genießen.

Was immer Du mit Glauben und Vertrauen, Freude und Begeisterung erfüllt, hat Macht über Dich und bestimmt Dein Verhalten. Du persönlich bist hier, um ein erfülltes, sehr glückliches, wunderbares Leben zu führen. Um Deine verborgenen Talente und Begabungen zum Vorschein zu bringen. Deinen wahren Platz im Leben zu finden und Deine Persönlichkeit auf höchstem Niveau zu entfalten. Beobachte Dich aufmerksam, lausche in Dich hinein, spüre, wie Du Dich selber dabei fühlst und dann entscheide, wann Du Dir selbst das nächste Mal einen so spannenden Tag gönnst.

Du hast es ehrlich verdient.

In Deinen Händen hältst Du ein Werk, das Dir die Möglichkeit gibt, Dein Leben von Grund auf umzugestalten, um ihm eine neue, bessere Richtung zu geben. Lasse Dich von meinem Buch:

DICH SEIN, *verleiht* Flügel,

führen. Lese es immer wieder, befolge die Anweisungen genau und Du wirst die Tür zu einem besseren und sehr schöneren und wirklich befriedigenden Leben aufstoßen. Das bedeutet, dass Du die Seiten nicht einfach nur lesen solltest, sondern auch tatsächlich die Tipps und Anregungen verstehen. So erreichst Du ganz sicher, mit kleinen Schritten, sehr große Veränderungen, in Deinem wunderbaren Leben. Diese Grundsätze sind elementar und einfach zu verstehen. Sie erfordern von Dir keine besonderen Vorkenntnisse.

Was sie verlangen, sind Übung und die stete Bereitschaft, zu lernen und zu wachsen. Gehe vorwärts mit diesem leicht anwendbaren Wissen. So wird Dein Tag anbrechen, den Du Dir bereits ersehnst. Alle Ängste und Sorgen, auch die Furcht vor Fehlschlägen, werden fliehen und wegziehen. **Denke daran, jeder Mensch kann morgen das werden, was er heute noch nicht ist.** So werden Dir Dankbarkeit und Zufriedenheit zufließen und Du wirst zu dem Menschen, der Du schon immer sein wolltest.

Überprüfe immer wieder Deine Gewohnheiten und Denkmuster, so wird es Dir sehr bald bessergehen und Du fühlst Dich wieder glücklich, frei und froh. Die Erde wird sich weiter um die Sonne drehen, wenn wir alle längst aus diesem irdischen Leben gegangen sind. Bis heute bin ich des Schreibens nicht müde geworden und freue mich auf eine Zukunft voller neuer Ideen und Lebenserfahrungen auf unserer schönen und wunderbaren Erde. Sei immer offen, neugierig, experimentierfreudig und lasse Dich überraschen. Alle Deine außergewöhnlichen Ideen und Vorhaben können für Dich eine sprudelnde Quelle, einen Turbo, in Deiner Weiterentwicklung, in Deinem neuen und wunderbaren Leben bedeuten.

Wer nur glaubt, schon alles zu wissen und dass es in seinem Leben nicht mehr Neues zu entdecken gibt, bleibt gefangen in seiner eingeschränkten Sichtweise und wird ganz einfach still und unzufrieden.

Es liegt mir sehr am Herzen, allen Leserinnen und Leser meines Buches für das mir gegenüber erbrachte Vertrauen und der Wertschätzung Danke zu sagen. Teile diesen Inhalt mit denen, die Du liebst und schätzt. Ich wünsche Dir viel Erfolg bei der Umsetzung all Deiner nun gelernten, von mir selbst erprobten Hinweisen und Tipps für **Dein neues und wunderbares Leben**. Denke immer daran: Das geschriebene Wort hebt sich von der gesprochenen Sprache deshalb ab, dass es das HIER und JETZT überlebt und überdauert.

Herzlichen Glückwunsch, zu
Deinem NEUEN LEBEN!

Sei immer GUT zu DIR.

ALLES Liebe für DICH!

Bildquellennachweis

Seite 22: Frieden © Justin Skinner | Dreamstime.com

Seite 50: Glück © Noracarol | Dreamstime.com

Seite 77: Universum © Siri Wannapat | Dreamstime.com

Seite 93: Veränderung © Lenazajchikova | Dreamstime.com

Der Autor

Peter Dutly wurde 1956 im schönen schweizerischen Freiburg im Üechtland geboren. Eine finanzschwache Kindheit brachte ihm bei, dass harte Arbeit und wohl überlegte Sparsamkeit manchmal alles sind, was man sich leisten kann. Nach der Lehre als Elektromonteur folgte die obligatorische Rekrutenschule. Peter Dutly weiß, wovon er redet, wenn er von der Kraft des eigenen Antriebs spricht. Mit starkem Fleiß und achtsamem Sparen hat er sich aus ärmlichen Verhältnissen befreit und in leitenden Positionen bei mehreren Unternehmen gearbeitet. Der Einstieg gelang ihm bei einem internationalen Arbeitgeber in Zürich als Techniker in der Gebäudeautomation. Die letzten 20 Jahre fungierte er als Bereichsleiter beim Bundesamt für Informatik und Telekommunikation – BIT – in Bern. Nach seiner Pension verwirklichte er seinen Jugendtraum und begann mit dem Schreiben, seiner Leidenschaft. Er ist zudem begeisterter Leser, Wanderer, Skifahrer und Kartenspieler.